Sabine Pauli · Andrea Kisch

Geschickte Hände,
wacher Verstand

Sabine Pauli · Andrea Kisch

So fördere ich mein Kind

Geschickte Hände, wacher Verstand

Feinmotorik spielerisch entwickeln

Urania-Ravensburger

Weitere Titel zum Thema bei Urania-Ravensburger:
Cordula Neuhaus: Das hyperaktive Kind und seine Probleme. ISBN 3-332-00872-2
Sabine Pauli/Andrea Kisch: Was ist los mit meinem Kind? Bewegungsauffälligkeiten
bei Kindern. ISBN 3-332-00873-0

Die Deutsche Bibliothek – CIP-Einheitsaufnahme
Ein Titeldatensatz für diese Publikation ist bei Der Deutschen Bibliothek
erhältlich.

www.dornier-verlage.de
www.urania-ravensburger.de

© 2001 Urania-Ravensburger in der Dornier Medienholding GmbH, Berlin

Sabine Pauli ist Ergotherapeutin; sie arbeitete in einer großen Körperbehinderten-
schule und ist seit 1982 in ihrer eigenen Praxis in Ravensburg tätig. Sabine Pauli hat
einen erwachsenen Sohn.
Andrea Kisch ist Ergotherapeutin, arbeitete in einem Heim für mehrfachbehinderte
Kinder und Jugendliche und ist seit 1989 in Ravensburg als Ergotherapeutin niederge-
lassen. Sie hat 2 Kinder im Kindergarten- und Schulalter.
Beide Autorinnen arbeiten mit entwicklungsverzögerten, bewegungs- und wahr-
nehmungsgestörten Kindern in Diagnostik und Therapie. Als Dozentinnen sind sie seit
langem in der Erwachsenenbildung tätig und geben Seminare für Eltern, Erzieher/innen,
Lehrer/innen und Ergotherapeut/innen. Sie sind Autorinnen mehrerer Fachbücher und
Elternratgeber.

Umschlaggestaltung: Behrend & Buchholz, Hamburg
Titelfoto: Image Bank, Steve Satushek
Fotos: Ernst Fesseler, außer S. 122: PhotoDisc, Zeichnungen S. 89, 90, 92, 93,
94, 96: Anna und Florian Kisch
Redaktion: Jeanette Stark-Städele
Herstellung: ni:mand · Grafik & Design
Druck: Westermann Druck Zwickau
Printed in Germany

Gedruckt auf alterungsbeständigem Papier mit chlorfrei gebleichtem Zellstoff

05 04 03 02 01   5 4 3 2 1
ISBN 3-332-01196-0

Inhalt

Einleitung 9

Die Handgeschicklichkeit des Kindes 11
  Der Zusammenhang zwischen Handeln, „Be-Greifen"
  und Intelligenz 12
  Die Sinnessysteme 17
  Die Grundlagen der Bewegungs- und Sinnes-
  entwicklung 21
  Handgeschicklichkeit und Körperbewegung 27
  Handgeschicklichkeit und Sprache 30

Die Entwicklung der Handgeschicklichkeit 33
  Die Entwicklung der Handgeschicklichkeit
  bei Kindern von 0 – 7 Jahren 34
  Die durchschnittliche feinmotorische Entwicklung
  des Kindes 38
  Teilaspekte der Handgeschicklichkeit 50
  Die Kraftdosierung / die Hand- und Fingerkraft 51
  Die Beweglichkeit des Schulter-, Ellbogen- und
  Handgelenks 53
  Die Beweglichkeit der Fingergelenke 55
  Die Zielgenauigkeit / die Auge-Hand-Koordination 56
  Die Hand-Hand-Koordination 58
  Die Handdominanz 59
  Die Eigenwahrnehmung / der Bewegungs-
  und Tastsinn 60
  Die Hand- und Fingergeschicklichkeit 63
  Wie Sie die Handgeschicklichkeit fördern können 63

Rechts- oder Linkshänder? 81
   Die Händigkeit des Kindes 82
   Der Linkshänder 84

Die Malentwicklung des Kindes von 0 – 7 Jahren 87
   Malen ist wichtig! 88
   Die altersgemäße Entwicklung des Malens 88

Die Schulfähigkeit 99
   Voraussetzungen für die spätere Schulfähigkeit 100
   Schulreif mit 6 oder 7 Jahren? 104
   Körperliche Voraussetzungen 105
   Sprachliche und kognitive Voraussetzungen 106
   Soziale Voraussetzungen und Motivation 107
   Grundlagen der Schreibbewegung 108

Was tun, wenn therapeutische Hilfe erforderlich ist? . . 117
   Auffälligkeiten erkennen 118
   Die richtige Therapie 119
   Was die Eltern tun können 120

Anhang 125
   Adressen und Bezugsquellen 125
   Literaturverzeichnis 126

Dank an Aibe, den treuen Beistand am Computer, an Germana, Helmut, Silvia und Wolfgang für ihre Anregungen, an Ernst Fesseler für die Fotos und an die Fotokinder für ihr freudiges Mitmachen.

Einleitung

Zwischen der Bewegung des Kindes – mit seinem Körper und seinen Händen –, dem Entdecken der Umwelt und seiner gesamten Entwicklung besteht ein enger Zusammenhang. So hängt die Entwicklung der Lernfähigkeit und Intelligenz davon ab, wie ausführlich das Kind aktiv handelnd die Welt und ihre Zusammenhänge „erforscht", sich bewegt und dabei mit seinen Sinnen getastet, gesehen, gehört, gerochen und geschmeckt hat.

Doch leider ist ein „Leben aus zweiter Hand", in dem viele Dinge nur noch aus den Medien oder vom Hörensagen erfahren werden, die traurige Realität vieler Kinder geworden. Unsere moderne Welt präsentiert Kindern „Fertigprodukte": Nahrung, Kleidung, Spielzeug, Wohnungseinrichtung, Spielplätze. Wie Dinge entstehen oder hergestellt werden, ist für das Kind oft nicht mehr nachvollziehbar. Kinder können so keine Zusammenhänge mehr verstehen. Nur durch **eigenes Handeln,** den aktiven Umgang mit Körper, Raum und Zeit sowie durch die kreative Auseinandersetzung mit Materialien können Kinder lernen, Zusammenhänge zu verstehen, und dadurch ihre Intelligenz entwickeln.

Viele Lebensräume unserer Kinder sind in den letzten Jahren verloren gegangen, und so wurden die Möglichkeiten der Kinder in unserem Kulturkreis, die Welt über alle Sinne wahrzunehmen, sehr eingeschränkt. In den Städten fallen Spielflächen durch dichte Bebauung oft weg. Der Straßenverkehr nimmt enorm zu. Diese Einschränkung des Lebensraums führt dazu, dass Kinder kaum noch Erfahrungen mit freier Bewegung, Natur, Gruppenspielen auf der Straße, ungefährdetem Rennen, Toben und Klettern sowie dem Experimentieren mit verschiedenen Materialien machen können. Die Folge ist, dass sie immer ungeschickter in ihren Bewegungen werden.

Die Bewegung ist die Grundlage des kindlichen Lernens.

9

Da Bewegung aber die Grundlage des kindlichen Lernens darstellt, führt dies dazu, dass Kinder keine sichere Basis für das Lernen und für die geistige Entwicklung haben. Dies ist die Ursache dafür, dass eine zunehmende Anzahl von Kindern erhebliche Schulprobleme hat. Vor allem in Großstädten fallen ein Drittel bis beinahe die Hälfte der Grundschulkinder durch Lernstörungen, vor allem im Bereich der Lese-Rechtschreibfähigkeit, der Sprache und des Rechnens, also den Grundlagen der Kulturtechniken, auf.

Die Handgeschicklichkeit ist die „Krönung" der Körperbewegung.

Die Handgeschicklichkeit ist neben der Sprache die „Krönung" der gesamten Körperbewegung. Doch Kinder haben heute bereits im Kindergartenalter Schwierigkeiten, fein dosierte Bewegungen auszuführen. Der geschickte Umgang mit Materialien und Werkzeugen fällt ihnen schwer, sie malen nicht gern und gut und erlangen bis zum Schuleintritt auch nicht die erforderliche Geschicklichkeit, die sie brauchen, um in einer angemessenen Zeit schreiben zu lernen. Viele Kinder brauchen eine spezielle Förderung, weil die beim freien Spielen und Handeln erworbenen Fertigkeiten nicht ausreichen.

Dieser Zusammenhang zwischen Sinneswahrnehmung, Körperbewegung, Feinmotorik und Intelligenzentwicklung wird in diesem Buch beschrieben. Es zeigt Möglichkeiten auf, Kinder spielerisch zu fördern und somit Entwicklungsverzögerungen zu vermeiden, und es hilft, Entwicklungsdefizite zu erkennen und geeignete Maßnahmen zu ergreifen, falls Hilfe für das Kind erforderlich wird. Es richtet sich an Eltern, die Kinder im Alter bis zu 7 Jahren haben. Darüber hinaus ist es auch für Erzieher/innen, Lehrer/innen und andere Personen gedacht, die sich mit der Handgeschicklichkeit von Kindern beschäftigen.

Die Handgeschick-
lichkeit des Kindes

*Es gibt Kinder, die mögen nicht malen und
basteln. Nicht so schlimm? Doch – denn dabei
handelt es sich nicht einfach um eine isolierte
Fertigkeit, sondern um eine wichtige Grundlage
der Lernfähigkeit und der Intelligenz.*

Der Zusammenhang zwischen Handeln, „Be-Greifen" und Intelligenz

Die Bewegungs-, Wahrnehmungs- und Intelligenzentwicklung sind eng miteinander verbunden. Die Entwicklung des Kindes im Säuglings-, Kleinkind-, Vorschul- und Schulalter ist durch vielfältige Sinnes- und Bewegungserfahrungen geprägt. Nur durch die Schulung der Sinne und die Bewegungen des Körpers kann das Gehirn zur vollen Leistungsfähigkeit heranreifen. Erst damit wird die Grundlage für eine gute Entwicklung der Lernfähigkeit, der Sprache, der Kreativität und letztlich der Intelligenz geschaffen.

Intelligenz entwickelt sich durch „Be-Greifen".

Nur wenn das Kind in der Lage ist, seine Umwelt mit allen Sinnen und mit seinem Körper aktiv handelnd zu erfahren, erschließt sich ihm seine angeborene Fähigkeit: durch Anfassen zu „be-greifen".

Und erst mit einem großen Erfahrungsschatz aus seinem aktiven Handeln erhält es die Grundlage zur Entwicklung seiner Intelligenz.

Bewegungs- und Raumerfahrung mit allen Sinnen

Die Bewegungs- und Raumerfahrung durch die Sinne verläuft in folgenden Schritten:

In der ersten Zeit seines Lebens führt der Säugling durch Reflexe bestimmte Bewegungen durch. Diese kann er zunächst willentlich nicht beeinflussen. Angeregt durch die vielen Außenreize der Umwelt und die Eigenaktivität des Kindes verknüpfen sich netzartig die vielfältigen Sinneserfahrungen im Gehirn immer besser, und das Gehirn kann weiter reifen.

Aufgrund eines bei allen Menschen gleichen genetischen Programms nimmt die willkürlich gesteuerte Bewegung zu, und der Einfluss der Reflexe wird immer geringer. Durch die ständige Übung verschiedener Bewegungen kommt es im Ver-

12

lauf der Kindheit zur Steigerung der Koordinationsfähigkeit und zu einer immer stärker ausdifferenzierten Feindosierung sämtlicher Bewegungsabläufe. (Koordination bedeutet das Zusammenspiel mehrerer Muskeln.)

Wenn die Bewegungen vielfältig, häufig und in verschiedenen Kombinationen geübt werden, automatisieren sie sich. Das Kind lernt zunehmend, seine Bewegungen der Aufgabe entsprechend anzupassen. Erst dadurch werden komplexere Handlungen und Bewegungen möglich und im Voraus planbar. Das Gehirn, das alle Sinnesfunktionen, Muskeln und Nerven steuert, reagiert dann in ständiger schneller Anpassung auf unterschiedliche Sinnesreize und Anforderungen.

Bewegungsautomatisierung ist die Voraussetzung für schnelles Handeln.

> *Schnelle Bewegungen und Reaktionen sind nur möglich, wenn sie automatisch erfolgen. Deshalb ist die Automatisierung der Bewegung eine wichtige Voraussetzung, damit das Kind sich im späteren Schulalltag auf die vielfältigen Aufgaben konzentrieren kann.*

Leider werden Kindern heute viele Möglichkeiten genommen, sich ausreichend, vielseitig und ausdauernd zu bewegen und spielerisch zu beschäftigen, um damit ihre Sinne zu schulen.

Der Sinn der Schule sollte das „Schulen aller Sinne" sein. Leider wird jedoch in den meisten Schulen beim Anfangsunterricht häufig zu sehr auf theoretische Inhalte Wert gelegt und zu wenig auf das Lernen mit allen Sinnen geachtet. Viele Kinder werden durch einen solchen Unterricht, der einseitig intellektuell und visuell angelegt ist, nicht ausreichend in ihren „Grundlagen" gefördert. Dies gilt in besonderer Weise für die vielen Kinder, die bereits mit einem Defizit an Basiserfahrungen in die Schule kommen.

Die Schulung der Sinne ist der Sinn der Schule.

Einige Beispiele für diese Grundlagen:

- *Um Buchstaben und Zahlen schreiben zu lernen, muss das Kind erst sämtliche Grundmuster der Schrift malen können. Diese sind: Striche waagerecht, senkrecht und schräg in alle Richtungen, Punkt, Kreis, Oval, Quadrat, Rechteck, Raute, Kreuz gerade und schräg. Das Kind muss diese exakt in eine vorgegebene Linie bringen können.*
- *Erst wenn ein Kind fortlaufende Muster mit Überkreuzungen und fließenden, wechselnden Bewegungen in verschiedene Richtungen malen kann, wird es die komplexen Buchstabenformen der Schreibschrift lernen können.*
- *Flüssiges Lesen kann nur gelingen, wenn das Kind den gesprochenen Laut der geschriebenen Form zuordnen kann. Darüber hinaus muss über häufig wiederholende Übung beim Schreiben die Form der Buchstaben sicher erfasst sein, fest im Gedächtnis verankert und auswendig geschrieben werden können.*
- *Bevor ein Kind eine Rechenoperation rein gedanklich nachvollziehen kann, muss es ohne Finger oder eine Zählbewegung Mengen erfassen können.*

Typische Probleme bei fehlender Bewegungsautomatisierung

Wenn Kinder in diesen Grundlagen bis zur Einschulung und darüber hinaus nicht ausreichend gefördert werden, sind Lernstörungen und vielfältige Schulprobleme zu erwarten. Werden diese nicht rechtzeitig erkannt, vergrößern sich die Defizite der betroffenen Kinder immer weiter und können im Unterricht und durch Förderstunden nicht mehr aufgeholt werden.

Aus Berichten von Lehrer/innen geht hervor, dass mindestens 30 % der Grundschüler in unterschiedlicher Weise auffällig sind, weil sie in ihren Grundfunktionen nicht ausreichend stabil sind.

Solange ein Kind aber keine Automatisierung der Bewegungen erlangt hat, hat es große Schwierigkeiten, den vielfältigen Kindergarten- und Schulalltag zu bestehen.

Einige Beispiele, die die Schwierigkeiten betroffener Kinder veranschaulichen:

- *Ein unruhiges Kindergartenkind, das aufgrund mangelnder Körperwahrnehmung seinen Körper noch nicht gut kennt, schult seine Körperwahrnehmung durch permanente Bewegung. Dadurch kann es im Stuhlkreis noch nicht stillsitzen.*
- *Ein Kind, das sich zu wenig bewegt, macht kaum eigene Raumerfahrungen. So gelingt ihm die Übertragung ins dreidimensionale Bauen nicht. In der Bauecke des Kindergartens wird es für die Mitspieler kein interessanter Partner sein, da es nur sehr einfach baut.*
- *Ein Kind, das seine Bewegungen noch nicht automatisch richtig dosieren kann, ist nicht in der Lage, beim Ballspiel die Bewegungsrichtung und die Kraftdosierung vorauszuplanen. Somit ist es beim Gruppenspiel erfolglos, weil es den Ball nicht richtig auffangen und zuwerfen kann.*
- *Ein Kind, das seinen Körper nur wenig spürt, merkt nicht, ob es richtig auf dem Stuhl sitzt. Es rutscht beim Schreiben auf dem Stuhl herum, findet keine ökonomische Sitzhaltung oder fällt zuweilen vom Stuhl herunter. So kann es sich nicht auf den feinmotorisch anspruchsvollen Schreibvorgang konzentrieren, weil es immer in Bewegung ist. Seine Schrift ist so wackelig wie es selber und wird nicht automatisiert. Somit kann das Kind dem Unterrichtsgeschehen kaum folgen, auch wenn es sich große Mühe gibt.*
- *Ein Kind wird beim Schreiben große Schwierigkeiten haben, wenn es durch eine eingeschränkte Feinmotorik keine lockere, sichere Stifthaltung hat. Es braucht zudem für die Bewegungsplanung so viel Konzentration, dass es keine Aufmerk-*

Die Grundlage der Intelligenz ist die Bewegung und die Schulung der Sinne.

15

samkeit für den Inhalt des Geschriebenen aufbringen kann. Dies ist eine häufige Ursache für Schwierigkeiten beim Schreibenlernen und führt immer wieder zur Annahme, das Kind habe eine Lese-Rechtschreibschwäche.

- *Ein Kind, das sich am Schulanfang durch feinmotorische Störungen nicht auf die Form der Buchstaben und deren akus-*

tischen Lautgehalt konzentrieren kann, wird nur schwer und langsam lesen lernen. Die Grundformen der Schrift hätte es beim Malen in der Vorschulzeit und am Anfang der ersten Klasse erwerben sollen. Das Merken von Buchstaben gelingt aber nur, wenn es dem Kind möglich ist, den gehörten Laut mit dem beim Schreiben entstandenen Buchstabenbild und dem dabei wahrgenommenen Bewegungsgefühl in Einklang zu bringen.

Die Vernachlässigung der Körper- und feinmotorischen Förderung ist eine der Ursachen dafür, dass Lese-Rechtschreibschwächen massiv zugenommen haben. Gerade im Zeitalter der elektronischen Kommunikation ist diese Schwäche aber besonders hinderlich und erschwert vielen Kindern den Schulerfolg und einen Einstieg in den gewünschten Beruf. Aus diesen Gründen sollte die Schulung der feinmotorischen Grundfertigkeiten und der Mal- und Schreibbewegungen in Elternhaus, Kindergarten und Grundschule wieder einen größeren Stellenwert einnehmen.

Die Sinnessysteme

Die verschiedenen Sinne beginnen bereits im Mutterleib, Reize aufzunehmen und im Gehirn zu verarbeiten. So entsteht ein dichtes Netz von Informationen, indem jede neue Erfahrung mit alten verknüpft wird. Dabei lassen sich die Sinne in zwei Gruppen einteilen.

Die Grundlage der Entwicklung des Kindes ist eine gute Zusammenarbeit aller Sinnessysteme.

1. **Die Nahsinne,** bei denen der Reiz direkt auf den Körper erfolgt, sind:
- der Gleichgewichtssinn
- der Bewegungssinn

- der Tastsinn
- der Geschmackssinn
2. **Die Fernsinne,** bei denen der Reiz vom Körper entfernt erfolgt, sind:
- der Sehsinn
- der Hörsinn
- der Geruchssinn

Die Voraussetzung zur Entwicklung der Fernsinne wiederum ist eine gute Verknüpfung mit den Nahsinnen.

Ein Beispiel:
Ein Säugling, der sich noch nicht fortbewegt, kann mit den Augen noch keine Entfernungen einschätzen. Er versucht, nach Dingen zu greifen, die für ihn nicht erreichbar sind. Erst wenn er gelernt hat, sich durch Rollen, Robben oder Krabbeln fortzubewegen, kann er durch den Bewegungssinn Distanzen erleben und lernt immer besser, Entfernungen richtig einzuschätzen. So entfaltet sich sein räumliches Sehen. Später kann er gezielt nach erreichbaren Gegenständen greifen oder sich entsprechend darauf zu bewegen. Der Säugling kann von der Geburt an sehen, und sogar im Mutterleib hell und dunkel unterscheiden. An diesem Beispiel zeigt sich aber, dass der Fernsinn des Sehens sich erst sinnvoll einsetzen lässt, wenn er mit dem Bewegungssinn verknüpft werden kann. Diese so genannte Integration der Sinnessysteme wird in einer bewegungsfeindlichen Umwelt schwer.

Kinder brauchen Bewegungsanreize

Damit sich die Nahsinne gut entwickeln und somit als Grundlage der Fernsinne dienen können, brauchen Kinder während ihrer gesamten Kindheit viele verschiedene Bewegungsanreize und Übungsmöglichkeiten. Eine einfache Bewegungsfunktion muss etwa 500-mal wiederholt werden, bis sie automatisch abläuft.

Unsere moderne Umwelt bietet bereits für sehr kleine Kinder zu viele Spiel- und Beschäftigungsmöglichkeiten, die nur die Fernsinne beanspruchen. Dazu gehören Fernsehen, Kassetten und das Spiel am Computer, mit dem Gameboy und der Playstation. All diese Medien bieten keinen Bewegungsanreiz und verhindern deshalb die Schulung der Nahsinne. Somit beeinträchtigen sie den kindlichen Entwicklungsweg.

Früher und häufiger Medienkonsum verhindert die Schulung der Sinne.

> *Es ist ein weit verbreiteter Irrtum zu glauben, dass Kinder, die früh über gezielte Lernprogramme oder Computerspiele mit den modernen Medien vertraut gemacht werden, intelligenter würden als andere. Vielen dieser „Computerkids" fehlt das so genannte Erfahrungswissen. Erst aus einem großen Erfahrungsschatz heraus kann sich handlungs- und lösungsorientiertes Denken entwickeln. Dies wiederum ist die Grundvoraussetzung zur Entwicklung der Intelligenz und führt wesentlich weiter als trainierte Teilleistungen.*

Wie sich die Fähigkeit des Rechnens entwickelt

Etwa im Alter von 7 Monaten beginnt das Baby, Gegenstände in beiden Händen zu halten. Es betastet, dreht und wendet sie und erfährt so mit dem Tast- und Bewegungssinn alles über deren Beschaffenheit und Ausmaße. Es erfühlt Rundungen, Ecken und Kanten, kurze und lange Strecken, Winkel, Kurven und andere räumliche Qualitäten sowie deren Oberfläche: weich oder hart, glatt oder rau, kalt oder warm.

Wenn das Baby zu krabbeln beginnt, erfährt es die Dimensionen des Raumes und seine Körperausmaße: Es bleibt unter einem niedrigen Stuhl stecken oder stößt sich den Kopf an, wenn es versucht, unter einem Tisch aufzustehen.

Durch das Zusammenwirken seiner Nahsinne bekommt das Kind täglich eine genauere Vorstellung von seinem Körper, das so genannte Körperbild. Dies wird später in seinen bildlichen Darstellungen sichtbar. Es erfährt die Bewegungsmöglichkeiten und Ausmaße des Körpers und entwickelt damit das so genannte Körperschema. Indem es sich bewegt, und dabei Nah- und Fernsinne verknüpft werden, bekommt es außerdem genaue Kenntnisse von den Ausmaßen des Raumes.

Durch das immer wiederkehrende Betasten von Gegenständen mit dem Mund und den Fingern entwickelt sich später die Fähigkeit, z. B. Formen allein durch Sehen zu erkennen. Ein Kind, das etwas über 1 Jahr alt ist, vermag runde und eckige Gegenstände richtig in eine Formenbox zu stecken. Anfangs benötigt es noch die Information über das Tasten, später, wenn es genügend Tasterfahrung gemacht hat, reicht dem Kind der Sehsinn, um die Form zu erkennen.

Aus diesen frühen Erfahrungen über die Nahsinne entwickelt sich das räumliche Sehen und daraus wiederum das räumliche Denken. Erst im Alter von ca. 6 – 7 Jahren bekommt das Kind nach und nach die Fähigkeit, sich ohne Anschauung komplexere Formen vorstellen, merken und wiedergeben zu können. Erst dadurch ist es auch in der Lage, sich abstrakte Formen wie Zahlen und auch Buchstaben zu merken und ohne Vorlage wiederzugeben.

Die Bedeutung der räumlichen Vorstellung

Das Erkennen und Verstehen von Mengen und somit später deren Benennung durch Zahlen kann nur erlernt werden, wenn das Kind eine räumliche Vorstellung entwickeln konnte:

Schon als Kleinkind erfährt es, dass es 2 Hände und Füße, 10 Finger, 5 Zehen an einem Fuß usw. hat. Daraus entwickelt sich ab ca. 3 Jahren der so genannte Mengenbegriff, also die Vorstellung, dass das Wort „zwei" so viel ist wie seine 2 Hände, weil es in beiden Händen etwas halten kann.

Während der Phase, in der es Spielsachen in Reihen aufstellt oder zwei- bzw. dreidimensional baut und konstruiert, spürt es über die wiederholten Bewegungen Mengen, Richtungen und Reihenfolgen.

Diese Erkenntnisse sind die Grundlagen zum Erlangen der späteren Rechenfähigkeit. Erst wenn ein Kind sich z. B. die Menge 5 bildlich vorstellen kann, ist es in der Lage, ohne Anschauungsmaterial zu rechnen. Wenn es noch keine Vorstellung von einer Menge und somit einer Zahl hat, braucht es seine Finger oder andere Anschauungsmaterialien, um zu üben. Es muss immer wieder von eins ab zählen und kann somit nur sehr schwer und langsam eine Rechenaufgabe, wie z. B. 5 plus 3, rechnen.

Therapeutisch können viele Kinder mit Rechenschwächen über motorische Erfahrungen im Raum gefördert werden. Bei der Behandlung von Rechenschwächen muss sich dem Kind die Erkenntnis über die Dimensionen des Raumes erschließen, z. B. vorwärts gehen = addieren – die Menge an Schritten und somit die Strecke vergrößert sich; rückwärts gehen = subtrahieren – die Menge verkleinert sich. Auch für das Multiplizieren durch anschauliches „Mal-nehmen" und Dividieren durch „Auf- und Zu-teilen" ist eine anschauliche Vermittlung wichtig.

Einem rechenschwachen Kind fehlt die Vorstellung von der Dimension des Raumes.

Die Grundlagen der Bewegungs- und Sinnesentwicklung

Bewegung, Wahrnehmung und Intelligenzentwicklung eines Kindes stehen in direktem Zusammenhang. Hat ein Kind viel-

21

fältige Bewegungserfahrungen in den sensiblen Entwicklungsphasen als Säugling und Kleinkind gemacht und diese mit all seinen Sinnen gut in seinem Gedächtnis integriert, hat es gute Voraussetzungen, später den vielfältigen Anforderungen eines Schulalltages gerecht zu werden.

Wichtige Entwicklungsschritte

Meilensteine markieren den Entwicklungsweg des Kindes.

Es gibt während der gesamten Kindheit wichtige Entwicklungsschritte, die wie Meilensteine den weiteren Entwicklungsverlauf bestimmen. Daraus ergibt sich ein festes Fundament, auf dem das Kind aufbauen kann. Werden Entwicklungsschritte ausgelassen, entstehen „Löcher" in diesem Fundament, in die das Kind in seiner weiteren Entwicklung immer wieder „hineinfällt". Ebenso können bestimmte nachteilige Bedingungen in der frühen Kindheit zu späteren Beeinträchtigungen führen.

Mögliche Ursachen für spätere Entwicklungsstörungen und Defizite:

- Sauerstoffmangel des Gehirns vor, während oder nach der Geburt
- extreme Frühgeburt und damit möglicherweise einhergehende minimale Hirnblutungen
- schwere Infektionskrankheiten der Mutter während der Schwangerschaft
- Alkohol-, Nikotin-, Medikamenten- oder sonstiger Drogenkonsum der Schwangeren
- Umweltgifte in Luft, Wasser, Lebensmitteln und im häuslichen Umfeld
- genetische Disposition (Veranlagung)
- mangelnde Reizangebote während der Schwangerschaft und nach der Geburt
- emotionale Ablehnung während der Schwangerschaft und nach der Geburt

22

- Bewegungsmangel und stark auf Konsum ausgerichtetes Spielangebot
- zu früher und häufiger Medienkonsum

Um die Bedeutung der Entwicklungsschritte des Kindes zu veranschaulichen, werden im Folgenden die wichtigsten erläutert:

Die Auge-Hand-Koordination beginnt spätestens mit dem 4. Monat und bedeutet, dass die Augen unablässig beobachten, was die Hände tun. Dies führt zu einer Verknüpfung zwischen Bewegungs-, Tast- und Sehsinn und bildet somit die Grundlage für die Entwicklung automatischer feinmotorischer Fertigkeiten.

Auge-Hand-Koordination

Die Hand-Hand-Koordination beginnt spätestens mit 5 Monaten und ist die Voraussetzung dafür, dass das Kind beidhändig spielen kann. Alle beidhändigen Verrichtungen gelingen nur, wenn das Kind mit jeder Hand isolierte Bewegungen durchführen kann, d. h. eine Halte- und eine Aktionshand ausprägt und diese gut koordiniert zusammenarbeiten können.

Hand-Hand-Koordination

Mit 6 Monaten kann das Kind den Daumen opponieren, d. h. den Fingern gegenüberstellen und im Flachzangengriff kleine Gegenstände ergreifen. Bis zum 9. Monat verfeinert sich dieser Griff immer weiter. Ab dem 10. Monat ist das Kind in der Lage, mit gebeugtem Daumen und Zeigefinger im so genannten Zangen- oder Kneifzangengriff auch sehr feine Krümel und Fusseln zu ergreifen. Dies ist die Grundlage für isolierte und koordinierte Fingerbewegungen, die später eine fein dosierte Schreibbewegung ermöglichen.

Daumen-opposition

Das Krabbeln ist ab dem 9. Monat ein sehr wichtiger Entwicklungsschritt, um ausreichend Raumerfahrung zu sammeln und z. B. Raumgrößen und Entfernungen über das Bewegungsgefühl zu erleben. Eine gute Koordination des Körpers ist nur möglich, wenn Arme, Beine, Rumpf und Kopf gut zusammenarbeiten. Die koordinierte Krabbelbewegung

Krabbeln

23

ist das wichtigste Bewegungsmuster, auf das alle anderen komplexeren Bewegungen des Körpers aufbauen. Mit der so genannten Kreuzkoordination der Krabbelbewegung macht das Kind die Grunderfahrung in der Erfassung der Diagonalen (rechter Arm geht mit linkem Bein vor und umgekehrt).

In vielen Buchstaben der Schrift kommt die Umsetzung der Diagonalen, die Schräge, vor. Viele Kinder, die nicht gekrabbelt sind, haben hier später Probleme: Sie können die Schräge beim Malen und Schreiben nicht ausführen und sind folglich beim Erwerb der Schrift massiv beeinträchtigt.

Überkreuzen der Mittellinie

Über das Krabbeln lernt das Kind, sich hinzusetzen und kann nun durch eine Drehbewegung des Rumpfes (Rotation) seine Mittellinie überkreuzen und somit Dinge über der Mittellinie seines Körpers ergreifen. Das bedeutet, dass es mit seiner linken Hand Dinge auf seiner rechten Körperseite holen kann und umgekehrt. Kinder, die die Mittellinie nicht überkreuzen, haben bereits in der Grobmotorik Schwierigkeiten: Sie können einen von der Seite zugeworfenen Ball nur fangen, wenn sie sich mit dem ganzen Körper und den Füßen dem Ball zuwenden. Schnelle, angepasste Rotationsbewegungen sind ihnen nicht möglich. Beim späteren Schreiben haben diese Kinder z. B. Schwierigkeiten, ein vor ihnen liegendes Blatt von links nach rechts durchgehend zu beschreiben. Auch hier müssen sie den ganzen Körper oder das Blatt drehen. Oft sitzen sie schräg am Tisch, um das Überkreuzen der Mittellinie unbewusst zu vermeiden, oder verschieben das Papier ständig auf dem Tisch. Die Erfahrung des Vorwärts- und Rückwärtskrabbelns ist später beim Rechnenlernen wichtig, damit sich das Kind geistig sicher im Zahlenraum vorwärts und rückwärts „bewegen" kann.

Erstes Spurenmalen

Mit ca. 1 Jahr nimmt das Kind zum ersten Mal einen Stift in die Hand und erfährt, dass dieser Spuren hinterlässt. Zu dieser Erfahrung kommt mehr und mehr der Gestaltungswille des

24

Kindes, und es malt Bilder. Dazu braucht es eine immer differenziertere Bewegungsführung. Je feiner und differenzierter die Formen mit der Zeit werden, umso genauer muss die Feinsteuerung des Armes, der Hand und der einzelnen Finger sein. Dies gelingt natürlich nur, wenn als Grundlage die genaue, wohldosierte Feinsteuerung des ganzen Körpers möglich ist.

Durch seine vielfältigen Bewegungserfahrungen und Tätigkeiten macht das Kind zunehmend die Erfahrung, dass eine Hand geschickter ist als die andere. Auch wenn es zunächst noch oft wechselt und probiert, wird es bei fein differenzierten Tätigkeiten immer häufiger auf die geschicktere Hand zurückgreifen. So wird diese Hand immer geschickter, d. h., die Dominanz festigt sich, und die andere Hand übernimmt sicher die Haltefunktion.

Handdominanz

Ein Kind zwischen 2 und 3 Jahren entdeckt täglich seine Umwelt bewusster. Es bemerkt Regelmäßigkeiten im Tages- und Wochenablauf und bei Tätigkeiten. Daraus lernt es, sich Handlungsabläufe zu merken. Es beobachtet die Verschiedenartigkeit und Differenziertheit seiner Umwelt. So registriert es, dass es von einer Sache 1, 2 und viele gibt. Es setzt diese Erkenntnis spielerisch um, indem es z. B. seine Spieltiere in eine lange Reihe stellt und gleiche zuordnet. Dadurch macht es die Erfahrung einer Serie und einer bestimmten Raumrichtung. Diese Funktion braucht es später, um Zahlenfolgen zu erkennen und zu verstehen. Aus dieser Erfahrung entwickelt sich später die Fähigkeit, folgerichtig und logisch zu denken und planvoll zu handeln.

Bewussteres Erleben der Umwelt

Zwischen dem 2. und 3. Lebensjahr lernt das Kind, immer offener auf andere Personen zuzugehen; es schließt Freundschaften und bleibt freudig bei Personen, die es gut kennt. Auf diese Weise kommen soziale Kontakte zustande. Nur wenn das Kind selbstbewusst und selbstsicher ist, gelingt die nötige Ablösung von den Eltern Schritt für Schritt. Eine wichtige

Trotzphase/ Sozialkontakt

Zeit für die Ablösungsfähigkeit ist die Trotzphase. In dieser Zeit lernt das Kind einerseits, eigene Vorstellungen und Wünsche durchzusetzen und andererseits, die Grenzen und Anweisungen der anderen Personen zu akzeptieren.

Eigenes Strukturieren

Zwischen 3 und 4 Jahren bemerkt das Kind immer deutlicher, dass es seine Umwelt selbst strukturieren und ordnen kann. Es beobachtet, dass es Tiere mit Fellen, andere mit Federn und manche mit zwei, andere mit vier Beinen gibt. Das Kind kann also Details erkennen und folglich Unterschiede und Gemeinsamkeiten feststellen. Es vermag seine Aufmerksamkeit auf einen bestimmten Reiz zu lenken, möchte alles erfragen und über Erlebnisse berichten. Während es bisher eher Bilderbücher angeschaut hat, kann es jetzt die ersten Bücher vorgelesen bekommen. Es lernt, genauer zuzuhören und differenzierter und gewandter zu sprechen.

Vorlesen

Es ist wichtig, dem Kind Texte vorzulesen und nicht nur Kassetten abzuspielen. Kassetten können keine entstehenden Fragen beantworten, unbekannte Worte umschreiben oder Sachverhalte erklären. Das Vorlesen ist zudem lebendiger und interessanter, weil es mit Mimik, Gestik und unterschiedlicher Stimmgebung verändert werden kann. Dadurch schult Vorlesen die Fähigkeit zuzuhören und fördert die Aufmerksamkeit des Kindes. Zudem wurde festgestellt, dass Kinder über lebendig gesprochene Sprache sowohl in ihrer Sprachfähigkeit wie auch in ihrer allgemeinen Intelligenz stärker angeregt werden als über Kassetten und andere Tonträger.

Raumdimensionen

Mit 4 – 5 Jahren hat das Kind über seine vielen Bewegungserfahrungen erlebt, dass es verschiedene Raumdimensionen wie vor und zurück (waagerecht), rauf und runter (senkrecht), den Berg hinauf und hinunter (die Schräge) gibt.

Erst wenn diese Erfahrung ganz deutlich und mit allen Sinnen gemacht wurde, ist die Umsetzung der räumlichen Erkenntnisse vom Bauen auf das Papier beim Malen möglich.

Dies ist ein Grund dafür, dass viele Ergotherapeut/innen mit Kindern zuerst ganzkörperliche Bewegungs- und Raumerfahrungsübungen machen, auch wenn diese wegen feinmotorischer Störungen zu ihnen kommen und nicht malen können.

Die Bewegungsplanung kann sich nur entwickeln, wenn das Kind durch vielfältige Verknüpfung von Sinneseindrücken ein exaktes inneres Bild seines Körpers, seiner Ausmaße und Bewegungsmöglichkeiten erhält. Durch ständige Übung und Variation der Bewegungen entsteht im Gehirn eine Art „Landkarte", das so genannte Körperschema. Je mehr Bewegungen und Erfahrungen das Kind macht, desto mehr Informationen fließen ins Gehirn und ermöglichen ein großes Repertoire an Bewegungsmustern.

Bewegungsplanung/Kraftdosierung

Mit 5 – 7 Jahren werden die Bewegungen eines Kindes in der Regel variationsreicher, differenzierter und feiner. Kraftdosierung und Bewegungsplanung werden exakter. So kommt es immer besser mit feinmotorischen Verrichtungen zurecht und kann Formen und Muster auf dem Papier auch zunehmend gezielter und kleiner malen.

Handgeschicklichkeit und Körperbewegung

Zwischen der Entwicklung der Handgeschicklichkeit und der Körperbewegung besteht, wie bereits angesprochen wurde, ein enger Zusammenhang.

Nur wenn ein Kind mit allen Sinnen seinen Körper und die räumliche Umwelt entdecken kann, entwickelt sich auch seine Handgeschicklichkeit altersentsprechend.

Eine anregende Umgebung, in der sich das Kind täglich vielseitig bewegen und zudem reichhaltige Materialerfahrungen machen kann, schafft die Grundlage, damit es geschickt und intelligent wird. Aus dem natürlichen, unermüdlichen Tatendrang des Kindes entwickeln sich seine Interessen und Neigungen.

Vielfältiges, kreatives Spiel ist die Grundlage für spätere Handlungskompetenz.

Auch Flexibilität und Kreativität im Handeln und Denken entwickeln sich nur dann, wenn das Kind während seiner frühen Kindheit Gelegenheit hat, vielfältig und kreativ zu spielen. Daraus bildet sich die Basis für eine hohe Handlungskompetenz während des weiteren Lebens.

Um den Zusammenhang zwischen Handgeschicklichkeit und Körperbewegung zu verdeutlichen, werden im Folgenden einige Beispiele dargestellt.

- *Das Krabbeln im ersten Lebensjahr ist eine wesentliche Koordinationsbewegung und damit eine wichtige Grundlage für ganzkörperliche, gut koordinierte Bewegungen. Ein Kind, das nicht gekrabbelt ist und auch sonst seine beiden Körperseiten, Arme und Beine nicht gut koordiniert, hat zu wenig ganz-*

körperliche Raumerfahrungen gemacht. Dadurch haben diese Kinder später oft Schwierigkeiten, die Raumrichtungen rechts, links, vorne und hinten deutlich zu unterscheiden und neigen sowohl bei ganzkörperlichen als auch bei feinmotorischen Verrichtungen zu Richtungsverwechslungen. Ihre Bewegungsplanung ist unzureichend und sie wirken dadurch ungeschickt. Sie vertauschen ihre Schuhe, wissen nicht, wie sie eine Flasche aufschrauben können, lernen kaum, eine Schleife zu binden, und verdrehen Buchstaben und Zahlen. Deshalb haben sie große Schwierigkeiten, Lesen und Schreiben zu lernen. Auch die Fähigkeit, rechnen zu lernen, basiert auf der exakten Aufnahme von Raumrichtungen und Raumdimensionen. Rechenschwache Kinder haben hierin oft Defizite.

- *Ein Kind, das sich nicht vielfältig, variationsreich und ausdauernd bewegt, macht wenig Erfahrung mit seinem Körper und dem Erfassen von räumlichen Dimensionen wie: vorne, hinten, über, unter, fern, nah. Auch sein räumliches Sehen entwickelt sich schlecht, da die Grunderfahrungen mit den Nahsinnen zu gering sind. Deshalb hat das Kind später Schwierigkeiten, räumliche Beziehungen in sein Spiel, z. B. beim Bauen und auf das Papier, zu übertragen. Infolge dessen bekommt es voraussichtlich Probleme beim Zeichnen und später beim Schreiben.*

- *Wenn ein Kind sich durch eine zu große Bewegungsunruhe nicht fein dosiert bewegen kann, hat es bei sämtlichen Bewegungsaufgaben Schwierigkeiten, sich zu bremsen. Weil sein Bewegungsimpuls zu groß ist, hat es auch im Bereich der Handgeschicklichkeit Schwierigkeiten, exakt und genau zu arbeiten. Deshalb entwickelt es keine Freude am Basteln, Falten oder an Handarbeiten und vermeidet dies möglichst. So nimmt es sich selbst seine Übungsmöglichkeiten.*
Beim Malen und Schreiben bleibt es nicht in der Begrenzung, malt sehr groß, drückt zu stark auf und verkrampft sich. Es

braucht seine ganze Konzentration für die Bewegungssteuerung. Das Kind entwickelt keine Freude am Malen und vermeidet es möglichst. Beim Schreiben gelingt es ihm kaum, zusätzlich auf den Inhalt des Geschriebenen zu achten.

Diese Kinder werden zu Hause und im Kindergarten oft von feinmotorischen Aufgaben „verschont", weil sie ausschließlich draußen spielen wollen und feinmotorische Verrichtungen vermeiden. So wird die ungeübte Feinmotorik spätestens in der Schule zu einem großen Problem.

Handgeschicklichkeit und Sprache

Die allgemeine Motorik, die Handgeschicklichkeit und die Entwicklung der Sprache stehen in einem engen Zusammenhang. So erschließt sich die Welt dem Säugling zuerst hörend, handelnd und greifend und später sprachlich. Die Zentren im Gehirn, die für die Mund- und Handfunktion zuständig sind, liegen direkt nebeneinander und beeinflussen sich gegenseitig.

Die Entwicklung der Handgeschicklichkeit verläuft parallel zur Gesamtentwicklung.

Deshalb ist es so wichtig, mit Kindern Spiele zu machen, bei denen Singen und rhythmische Bewegungen koordiniert werden. Dazu gehören auch Fingerspiele und rhythmische Klatschspiele. Informationen und Interaktionen in unserer Gesellschaft werden zum größten Teil über die Sprache weitergegeben. Bevor das Kind aber Sprache als Kommunikationsmittel erlernen und benutzen kann, muss es differenziert hören und braucht grundlegende motorische Voraussetzungen.

Über 100 Muskeln sind beim Sprechen beteiligt. Nur deren perfektes Koordinieren und Differenzieren ermöglichen den äußerst komplizierten Sprechvorgang. Keine andere Tätigkeit des Menschen ist derart komplex. So ist es verständlich, dass Sprache nur auf der Basis einer gut ausgeprägten allgemeinen Feinmotorik des ganzen Körpers erlernt werden kann.

In der Arbeit von Sprachheillehrer/innen und Sprachtherapeut/innen wurde festgestellt, dass Kinder mit Sprach- und Sprechstörungen sehr häufig in ihrem Entwicklungsfundament der Grob- und Feinmotorik auffällig sind. Aus dieser Erfahrung heraus haben sich interdisziplinäre Förderansätze entwickelt, die den natürlichen Reifungsprozess des kindlichen Gehirns zur Grundlage haben: Nur wenn die Sinnessysteme und deren enge Zusammenarbeit gut funktionieren, kann sich die Integrationsfähigkeit des Gehirns immer weiter verfeinern und die komplizierte Sprache organisieren.

So kommt es z. B., dass ein sprachauffälliges Kind, das einige Laute nicht oder nicht richtig bilden kann, nach einer ganzkörperlich ansetzenden psychomotorischen Förderung mitunter die fehlenden oder falschen Laute ohne spezielle Sprachförderung erlernt. Umgekehrt führt eine isolierte sprachliche Förderung nicht zum erwarteten Erfolg, wenn nicht über die Grundlagen der Motorik gearbeitet wurde.

> *Das Kind kann nur gut artikuliert und grammatikalisch richtig sprechen, wenn der „Unterbau" der Grob- und Feinmotorik, aber auch der Sensorik, also der Aufnahme und Verarbeitung von Sinnesreizen, ungestört funktioniert und automatisiert ist.*

Hierbei ist nicht die einzelne motorische Fertigkeit wichtig, wie z. B. Hüpfen oder einen Kreis malen können. Es kommt darauf an, dass fließende Bewegungen und der harmonische Rhythmus der Bewegungen im Ganzkörperlichen wie auch in der Handmotorik möglich sind. Ein Kind, dass keine rhythmischen Bewegungen zu einem Sprechvers machen oder nicht fließend fortlaufende Muster, wie Wellen, malen kann, ist

Kinder sprechen heute weniger als früher. Hier liegt eine Ursache für die Zunahme der Sprachprobleme.

nicht nur in seiner Feindosierung der Bewegung beeinträchtigt, sondern hat auch Schwierigkeiten mit dem Sprechfluss.

Leider hat es sich herausgestellt, dass selbst behandelte Sprachauffälligkeiten später teilweise Schulprobleme nach sich ziehen. Derzeit berichten viele Kindergärtner/innen, dass fast jedes 3. bis 4. Kind im Vorschulalter durch eine verzögerte sprachliche Entwicklung auffällt. Auch Grundschullehrer/innen erleben derzeit einen rasanten Rückgang der Sprachfähigkeit bei Erstklässlern: Sie berichten, dass viele Kinder große Probleme hätten, Aufgaben zu verstehen, sie auszuführen und in verständlicher Weise über Erlebtes zu sprechen.

Einige Gründe für das zunehmende Verstummen der Kinder:

- Zum einen wird in den meisten Familien zu wenig miteinander gesprochen. Man nimmt sich zu wenig Zeit, und es gibt zu viele Ablenkungen. So kommt es, dass in vielen Familien nur noch über kurze Anweisungen wie „Beeil dich", „Räum auf", „Hör auf damit" und die entsprechenden Antworten des Kindes „Nein" oder „Ja" miteinander gesprochen wird.
- Zum anderen führt der Fernsehkonsum zur Verstummung. Unabhängig von der sozialen Schicht sehen Grundschulkinder laut neuesten UNESCO-Statistiken 3 – 4 Stunden täglich fern. Selbst Kleinkinder zwischen 3 und 5 Jahren schauen im Durchschnitt 2 Stunden täglich fern. Dazu sehen viele Kinder noch Videofilme und spielen Gameboy und Computer. Erwachsene sehen im Durchschnitt täglich 3½ Stunden fern. So bleibt für ausführliche Gespräche zwischen Eltern und Kindern nur noch wenig Zeit übrig.

Es sind also weniger medizinische Gründe, die zum Verstummen der Kinder führen, als vielmehr die veränderten sozialen und kulturellen Bedingungen, unter denen sie aufwachsen.

Die Entwicklung der Handgeschicklichkeit

Die Handgeschicklichkeit des Menschen ist neben der Sprache die „Krönung" seiner Bewegungsfähigkeit und sollte gezielt gefördert werden. Sie ist aber auch abhängig von der gesamten körperlichen wie seelischen Entwicklung.

Die Entwicklung der Handgeschicklichkeit bei Kindern von 0 – 7 Jahren

Die Entwicklung der Handgeschicklichkeit verläuft parallel zur Gesamtentwicklung und der Entwicklung von der Grob- zur Feinmotorik. Nur wenn die gesamtkörperliche, geistige und seelische Entwicklung ungestört verläuft, kann das Kind eine gute Handgeschicklichkeit erlangen. Wenn ein Kind durch häufige Krankheit, durch seelische Belastungen in der Familie, durch Vernachlässigung oder eine wenig anregende Umgebung beeinträchtigt ist, zeigt sich dies oft in einer verminderten Handgeschicklichkeit.

Im Folgenden soll die durchschnittliche feinmotorische Entwicklung dargestellt werden, die Kinder in unserer oder einer ähnlichen Kultur durchlaufen können.

Den feinmotorischen Entwicklungsstand können die Eltern anhand altersentsprechender Fertigkeiten erkennen.

Anhand von altersentsprechenden Fertigkeiten und der Beschreibung feinmotorischer Fähigkeiten ist es Ihnen somit möglich, den Entwicklungsstand Ihres Kindes festzustellen.

Allerdings darf nicht von einer bestimmten Fertigkeit, einer isolierten Fähigkeit und einem bestimmten Mal- oder Bastelprodukt des Kindes auf dessen feinmotorischen Entwicklungsstand geschlossen werden. Es kommt vielmehr darauf an, die Qualität der gesamten Handgeschicklichkeit zu beurteilen.

Am Beispiel von Franz wird ersichtlich, wie eine oberflächliche Betrachtung zu falschen Rückschlüssen führen kann:

Der 6-jährige Franz hält aufgrund einer zu niedrigen Muskelspannung (Muskeltonus) den Stift verkrampft und mit mehreren Stützfingern. Weil es ihn sehr anstrengt, vermeidet er im Kindergarten und zu Hause das Malen weitgehend.

Franz ist ein kooperatives, konzentriertes und an vielem interessiertes Kind mit guter Beobachtungsgabe. Obwohl er große Schwierigkeiten hat, den Stift zu halten, malt er auf Aufforderung

mit großer Anstrengung recht exakt eine schematische Zeichnung ab. Betrachtet man lediglich diese Zeichnung, erscheint Franz feinmotorisch als unauffällig und bekommt keine Förderung.

Tatsächlich aber treten beim Schreibenlernen in der Schule massive Schwierigkeiten auf: Franz hat zu wenig Kraft, um ausdauernd und im geforderten Tempo im Schreibunterricht mitzukommen. Beim Erlernen der Schreibschrift hat er erhebliche Probleme, weil seine Stifthaltung mit mehreren Stützfingern die feinen, wechselnden Bewegungen, die für die Schreibschrift erforderlich sind, erschwert. Franz ist also dringend therapiebedürftig.

Jede Entwicklungsstufe ist wichtig

Bei der feinmotorischen Entwicklung des Kindes im ersten Lebensjahr sind Abweichungen von 1 – 2 Monaten normal und geben keinen Anlass zu Besorgnis.

Wichtig ist allerdings, dass sämtliche Entwicklungsstufen durchlaufen werden. Wenn ein Kind Entwicklungsschritte

Lässt ein Kind eine Entwicklungsstufe aus, so sollte nach der Ursache geforscht werden.

auslässt, ist die Klärung der Ursache und die Abwägung einer Therapie wichtig. So lehnen z. B. manche Säuglinge die Bauchlage ab, weil sie zu wenig Muskelspannung (Muskeltonus) haben, um den Kopf halten zu können.

> *Im ersten Lebensjahr sind größere Abweichungen von der durchschnittlichen Entwicklung, etwa von einem halben Jahr, auffällig, und es muss mit Hilfe von Kinderarzt/innen und/oder geübten Therapeut/innen nach der Ursache geforscht werden. Im 2. und 3. Lebensjahr sollte höchstens eine Verzögerung von ca. 3 Monaten toleriert werden.*

Je älter das Kind wird, umso variationsreicher können die Entwicklungsstufen aufeinander folgen. Ab dem 4. Lebensjahr ist eine Abweichung von der durchschnittlichen Normalentwicklung bis zu 6 Monaten möglich, sofern eine kontinuierliche Entwicklung beobachtet werden kann. Es gibt Kinder, die länger in einer Entwicklungsphase verweilen als andere. Andererseits gibt es Kinder, die bestimmte Dinge früher oder später können als Gleichaltrige.

„Löcher" im Entwicklungsfundament stören die weitere Entwicklung.

Bei größeren Entwicklungsverzögerungen führt die leider immer noch weit verbreitete Aussage „Das verwächst sich noch" oft dazu, dass Kinder nicht zum richtigen Zeitpunkt die notwendige Förderung erhalten.

Je älter das Kind wird, desto schwerer ist es jedoch, Defizite in den Grundlagen aufzuholen.

Die sensiblen Phasen

Für alle Entwicklungsschritte gibt es so genannte sensible Phasen. Das sind die Zeiten, in denen nach einem genetisch festgelegten Programm bei allen Menschen bestimmte Entwicklungsschritte vorgesehen sind. Das bedeutet, dass in dieser Zeit ein Kind bestimmte Tätigkeiten bevorzugt und sie besonders schnell und effektiv lernt.

In diesem genetischen Entwicklungsplan gibt es genau festgelegte Entwicklungsschritte, die ineinander übergehen und auf vorhergehende zurückgreifen bzw. aufeinander aufbauen. Zu einem späteren Zeitpunkt können sie nur sehr schwer nachgeholt werden, da sie in dem speziellen genetisch festgelegten Entwicklungsabschnitt durchlaufen werden müssen. Wie lange es in jeder Entwicklungsstufe verweilt, ist von Kind zu Kind individuell verschieden.

Wenn aufgrund einer Entwicklungsstörung, einer Behinderung oder einer anderen Beeinträchtigung des Kindes eine solche sensible Phase verpasst wird, ist es kaum mehr möglich, zu einem viel späteren Zeitpunkt diese Fertigkeit in der gleichen Qualität und derselben Zeitspanne zu erlernen.

So ist es z. B. für ein Kind, das nicht gekrabbelt ist und bereits läuft, nicht möglich, die Erfahrung eines Krabbelkindes in der gleichen Qualität und Quantität nachzuholen. Ihm fehlen die vielfältigen Körper- und Raumerfahrungen und die Anregung des Gehirns über die Kreuzkoordination der Krabbelbewegung.

Ein Beispiel: wichtige Erfahrungen beim Krabbeln

Ob das Kind unter dem Stuhl durchpasst oder nicht, wie es seinen Körper koordinieren muss, um ein Hindernis zu überwinden, oder die Erfassung der räumlichen Beziehungen beim Rauf- und Runterkrabbeln einer Treppe sind viel intensiver als später beim Gehen.

Die beim Krabbeln erworbenen Erfahrungen sind Grundlagen für den Erwerb späterer Fähigkeiten. Ein Kind, das beispielsweise die Erfahrung des Treppen-Krabbelns nicht gemacht hat, wird beim Treppen-Gehen länger unsicher sein.

Rennen, Roller- und Radfahren, Schwimmen, Klettern, Ballspielen und Turnen setzen eine gute Koordination und Dissoziation aller Körperteile voraus. (Dissoziation ist die Fähigkeit zur isolierten Einzelbewegung.)

Auffallend ist, dass viele Kinder, die wegen grob- und feinmotorischer Auffälligkeiten in ergotherapeutischen Praxen behandelt werden, oft nicht oder nur sehr kurz gekrabbelt sind.

Auch Lernstörungen wie Lese-Rechtschreib- und Rechenschwäche oder Richtungslabilität mit Buchstaben-, Zahlen- und Wortverdrehungen entstehen oft auf der Grundlage einer mangelhaften Koordinations- und Dissoziationsfähigkeit.

Für gutes Lernen ist die Zusammenarbeit beider Hirnhälften eine der Grundvoraussetzungen. Diese wird durch das Krabbeln und alle anderen Kreuzbewegungen angeregt.

Die durchschnittliche feinmotorische Entwicklung des Kindes

Im Folgenden wird die durchschnittliche feinmotorische Kindesentwicklung im ersten Lebensjahr in Monatsschritten, danach in 2- und 3-Monatsschritten bis hin zu 6-Monatsschritten aufgezeigt. Sie erfahren, in welchem Alter ein durchschnittlich entwickeltes Kind bestimmte Fertigkeiten erlangt. Dadurch können Sie eventuelle Entwicklungsrückstände besser erkennen.

Die Bedeutung der Reflexe

Immer wieder wird in den folgenden Ausführungen von Reflexen die Rede sein. Reflexe sind automatische, sich wiederholende Bewegungen, die nicht willentlich gesteuert werden können. Sie ermöglichen dem Säugling, auf die Reize der Umwelt direkt und automatisch zu reagieren.

Ein Beispiel:
Such-, Saug- und Schluckreflexe entwickeln sich in der 24. – 28.
Schwangerschaftswoche und sind bei der Geburt vollständig vor-

handen. Daher ist der Säugling in der Lage, sich bei Berührung des Mundes der Nahrungsquelle zuzuwenden und den Mund weit zu öffnen, um Brust oder Sauger aufzunehmen, zu saugen und zu schlucken. Etwa 3 – 4 Monate nach der Geburt verschwinden Such-, Saug- und Schluckreflexe wieder, und willkürliche Bewegungen werden möglich. Sie sind zur Aufnahme fester Nahrung erforderlich.

Bleiben durch unterschiedliche Beeinträchtigung des Kindes Reste dieser Reflexe bestehen, kann dies eine Ursache für eine unkoordinierte Mundmotorik sein. Diese kann zu Störungen beim Kauen, Schlucken und bei der Lautbildung führen.

Zwischen Mund- und Handmotorik besteht ein enger Zusammenhang. So erklärt es sich, dass Kinder mit Beeinträchtigungen der Mundmotorik oft gleichzeitig Schwierigkeiten mit der Handmotorik haben oder umgekehrt.

Mund- und Handmotorik stehen in engem Zusammenhang.

Frühkindliche Reflexe werden normalerweise im Verlauf des ersten Lebensjahres abgebaut. Gleichzeitig erlangt das Kind zunehmend Kontrolle über seine willkürlichen Bewegungen. Bleiben Reflexe über die normale Zeit hinaus erhalten, weist dies auf eine Unreife oder Störung des Gehirns hin.

Wenn z. B. der Reflex ATNR (asymmetrisch tonischer Nackenreflex) zwischen dem 3. und 6. Lebensmonat nicht abgebaut wird, kann das Kind seine Hände nicht in der Körpermitte zusammenführen. Dadurch ist seine Hand-Hand-Koordination beeinträchtigt, und es kann nicht geschickt mit Gegenständen manipulieren (Beschreibung des Reflexes siehe Seite 40).

Das Testen und Beurteilen von Reflexen muss von neurologisch geschulten Kinderarzt/innen und gut ausgebildeten Therapeut/innen durchgeführt werden.

Die Entwicklung – ein Überblick

1. Monat

Durch den **bestehenden Greifreflex** sind die Hände überwiegend gefaustet. Das Öffnen der Hände erscheint noch recht unkoordiniert. Das Baby bringt die Hände eher zufällig zum Mund und saugt daran.

2. Monat

Die **Hände sind nur noch locker gefaustet** und öffnen sich bei Berührung am Handrücken. Das Baby versucht, die ganze Hand in den Mund zu stecken, und hält eine Rassel, die ihm in die Hand gegeben wird. Willkürlich kann es diese aber noch nicht wieder loslassen.

3. Monat

Die Hände sind überwiegend geöffnet, und der Daumen oder einzelne Finger werden in den Mund gesteckt. Das Baby ergreift Dinge, die man ihm hinhält, bewegt sie und lässt sie unabsichtlich wieder los. Es zupft und nestelt an allem, was es zufällig berührt, wie Haare, Bettdecke und Kleidung. Diese Aktivität wird als „**taktiles Greifen**" (berührendes Greifen) bezeichnet. Das Baby beginnt, einzelne Finger zu bewegen (isolierte Fingerbewegung) und mit ihnen zu spielen.

Das Zusammenführen der Hände über der Mittellinie wird möglich, passiert aber eher noch zufällig, da teilweise der asymmetrisch tonische Nackenreflex (ATNR) noch vorhanden ist und diese Bewegung verhindert.

ATNR

Der Reflex bewirkt, dass bei einer Seitbewegung des Kopfes Arm und Bein auf der Gesichtsseite ausgestreckt werden, während der Arm und das Bein auf der Hinterhauptseite gebeugt werden. Der Reflex sollte bis zum 6. Lebensmonat abgebaut sein. Wenn dieser Reflex nicht vollständig abgebaut werden kann, verhindert er unter anderem das Zusammenführen der Hände in der Körpermittellinie und dadurch das

40

beidhändige Befühlen, Bewegen und somit das „Be-Greifen" von Gegenständen.

Das Baby **steckt Gegenstände in den Mund** und ertastet mit seinen sehr sensiblen Lippen und der Zunge deren Beschaffenheit. Dieser Schritt ist wegen des engen Zusammenhangs von Mund- und Handmotorik sehr wichtig.

4. Monat

Dabei kommen die Gegenstände mehr und mehr auch ins Blickfeld, und das Baby beginnt, absichtlich nach einem Gegenstand zu greifen, den es erblickt hat. Auge und Hand beginnen zusammenzuarbeiten. Im Gehirn liegen die Zentren, die für die Verarbeitung der Hand- und Mundmotorik zuständig sind, direkt nebeneinander und beeinflussen sich gegenseitig.

Das Baby kann die Hände nun willentlich über der Körpermitte zusammenführen und dadurch mit den Händen spielen. Durch das gleichzeitige Hinschauen werden dem Baby die Dinge in seiner Hand bewusst, und es setzt einer Wegnahme aktiven Widerstand entgegen. Mit einer Rassel führt es Bewegungen aus und bemerkt so, dass es selbst Geräusche erzeugen kann. Die **Verknüpfung von Greifen, Bewegen, Spüren, Hören und Sehen** wird in einem Handlungszusammenhang möglich. Dies nennt man die **„Integration der Sinnessysteme".**

Das aktive Greifen wird zunehmend gezielter. Das Baby kann den Daumen noch nicht isoliert bewegen. Er liegt neben den Fingern und wird nicht den anderen Fingern gegenübergestellt. Diese Stellung wird als „palmarer Griff" bezeichnet.

5. Monat

Die **zunehmende Hand-Hand-Koordination** ermöglicht dem Baby das **beidhändige Betasten von Gegenständen.** Es versucht, auch nach unerreichbaren Gegenständen zu greifen. Da ihm eigene Fortbewegung noch nicht möglich ist, kann es Entfernungen noch nicht abschätzen.

Durch die ständige Übung der Hand-Mund-Koordination ist es nun in der Lage, Kekse oder Zwieback zu essen.

6. Monat

Das Baby kann ein Spielzeug von einer Hand in die andere geben. Dies ist eine wichtige Voraussetzung, um Gegenstände drehen und wenden und somit ausführlich ertasten und begreifen zu können. Das Zusammenspiel beider Hirnhälften ist allerdings noch nicht vollständig ausgereift. Dies ist daran zu erkennen, dass das Baby einen gehaltenen Gegenstand fallen lässt, sobald die andere Hand nach etwas greift.

Das Baby beginnt, **den Daumen gestreckt den Fingern gegenüber zu stellen (Daumenopposition). Diese Greifmöglichkeit nennt man den Flachzangengriff.** Dadurch kann es nun kleinere Gegenstände ergreifen.

Es hat nun bereits so viel Tasteindrücke gesammelt und verglichen, dass es diese als angenehm oder unangenehm unterscheiden kann. Deshalb vermeidet es zunehmend unangenehme Tasteindrücke und verweilt beim Berühren von angenehmen Dingen.

7. Monat

Durch die Nachreifung der Hirnhälften ist das Baby nun in der Lage, **gleichzeitig mit jeder Hand einen Gegenstand zu ergreifen** und diesen festzuhalten.

Es klopft beide Gegenstände zusammen und drischt sie mit schwungvollen Bewegungen auf eine Unterlage, dreht und wendet sie und schaut beide an. Dadurch lernt es, diese als zwei Dinge zu erkennen. Wenn ihm Spielsachen entfallen sind, greift es wieder danach. Es weiß somit um ihre konstante Anwesenheit.

8. Monat

Das **Hantieren mit einem Gegenstand in jeder Hand** wird möglich. Zudem kann das Baby nun **zwei kleinere Gegenstände gleichzeitig mit einer Hand ergreifen.** Voraussetzung dafür ist eine differenziertere Fingerbeweglichkeit.

Mit Wonne wirft es Gegenstände hinunter. Damit wird deutlich, dass es nun willkürlich und schnell loslassen kann. Dies gelingt erst dann, wenn der frühkindliche Greifreflex vollständig abgebaut ist.

Es liebt Handspiele wie klatschen und „Winke-Winke" und übt seine Fähigkeiten der Hand-Hand-Koordination weiter, indem es z. B. mit Vorliebe mit Papier raschelt.

Sein Flachzangengriff wird feiner und gezielter, sodass es jetzt kleine Dinge wie Krümel und Rosinen aufheben kann.

Die Hirnreifung ist nun so weit fortgeschritten, dass das Baby seine Hände und Finger sowohl einzeln als auch gemeinsam bewegen kann. **Seine Zeigefinger vermag es nun isoliert zu benutzen,** um auf bekannte abgebildete Gegenstände zu zeigen.

9. Monat

Es blättert Buchseiten im Pappbilderbuch um und beginnt, Gefäße auszuräumen. Bei seinen bisherigen Erkundigungen hat es wahrgenommen, dass Dinge, wie z. B. Spielsachen, in Behältern sind. So erlebt es die räumlichen Beziehungen „innen" und „außen".

Seine geistige Entwicklung versetzt es nun in die Lage, seine Mitmenschen nachzuahmen. In diesem Lebensabschnitt ist die Nachahmung eine wichtige Lernmethode. Es macht gerne Handspiele wie „Backe, backe Kuchen".

In diesem Alter beginnt das Kind, mit den Händen zu essen und aus einer Lerntasse zu trinken. Wenn ihm etwas nicht gelingt, führt es die Hand seiner Eltern, weil es beobachtet hat, dass diese vieles können.

10. Monat

Da es sich nun zu interessanten Dingen hinbewegen kann, räumt es Schubladen und Schränke aus, wirft Gegenstände mit Schwung weg (aktives, schnelles Loslassen) und untersucht alle Gegenstände auf ihre Beschaffenheit und Funktion hin. Es drückt mit Vorliebe Knöpfe und dreht an allem Beweglichen. Möglich ist dies, weil nun die Hand über den Unterarm isoliert nach außen und innen gedreht werden kann. Diese Drehbewegung bezeichnet man als Diadochokinese. Viele leicht bewegungsauffällige Kinder haben hiermit Schwierigkeiten und bewegen den ganzen Arm im Schultergelenk.

Das Kind beginnt nun, mit **gebeugtem Zeigefinger und Daumen, im Zangen- oder Kneifzangengriff,** sehr kleine Dinge wie Fäden und Fusseln zu ergreifen. Viele feinmotorisch auffällige Kinder können den Kneifzangengriff bis ins Schulalter nicht ausführen.

11. Monat

Aufgrund der vielen Tast- und Bewegungserfahrungen mit den Händen hat das Kind bereits ein großes **„Grundwissen" der meisten Tastqualitäten** erlangt. Das Berühren der Gegenstände mit dem Mund ist jetzt nicht mehr so wichtig. Kinder, die in ihrer Hirnreifung verzögert sind, nehmen noch bis ins Vorschulalter Gegenstände in den Mund, weil sie noch nicht genügend Tastinformationen aufgenommen haben.

Bekannte Gegenstände können nun hauptsächlich über das Sehen, aber weiterhin auch noch über das Ertasten mit den Händen erkannt werden.

Die Grundlage zu einem **einfachen Werkzeuggebrauch** ist vorhanden. Dadurch, dass bekannte Gegenstände nicht mehr ständig neu ertastet werden müssen, kann das Kind Werkzeuge wie eine „verlängerte Hand" benutzen.

Es beginnt, mit dem Löffel zu essen, was anfangs aber noch kaum gelingt. Gerne benutzt es Schiebespielzeuge oder versucht, ein Spielzeug mit einem Stock vom Tisch zu werfen.

12. Monat

Das Kind trinkt nun allein aus einer richtigen Tasse, hilft mit, sich beim Baden mit dem Waschlappen zu waschen, und will sich selber kämmen.

Es spielt mit zerlegbarem Spielzeug wie mit Duplo-Steinen, Stapelturm und Größenbechern. Das Zusammensetzen bereitet ihm noch Schwierigkeiten. Seine **Feindosierung kann es so gut steuern,** dass es Spieltiere und Autos aufstellt und Türme aus zwei Klötzen baut.

12. – 15. Monat

Der **Werkzeuggebrauch wird zunehmend geübt.** Das Kind versucht nun verstärkt, im Faustgriff mit dem Löffel zu essen. Das Aufnehmen des Essens ist dabei noch sehr schwierig, und

44

so bedient es sich eines Tricks: Es legt das Essen teilweise mit den Fingern auf den Löffel.

Das Kind will Schlüssel in Schlüssellöcher stecken, Türen aufschließen, den Handfeger benützen, sich kämmen, Zähne putzen und beginnt, mit Funktionsspielen, wie z. B. einer Steckpyramide, zu spielen.

Es **kritzelt spontan,** wenn man ihm einen Stift gibt, weil es bei „den Großen" das Malen und Schreiben gesehen hat.

Das Essen mit dem Löffel klappt immer besser. **Funktionsspiele** mit der Formenbox, mit Größenbechern und ähnlichen Materialien werden jetzt interessant. Das Kind baut Türme aus bis zu 4 Klötzen und bringt kleine Spielhandlungen bis zum Ende fertig. Es ist nicht mehr primär mit der Erforschung von Materialien beschäftigt. Es interessiert sich nun zunehmend für deren Funktionen, probiert sie aus und übt sie in ständiger Wiederholung. Dadurch erlangt es Sicherheit. Wenn diese in einer Handlung besteht, probiert das Kind viele Variationen aus.

15. – 18. Monat

Einzelne Buchseiten kann es nun behutsam umblättern und mit dem Zeigefinger sehr differenzierte Bewegungen ausführen, wie z. B. bohren oder kratzen. Ihm gelingen jetzt auch komplexere feinmotorische Verrichtungen wie das Auspacken eines Bonbons.

Beidhändige Verrichtungen wie das Auffädeln von großen Perlen auf eine stabile Schnur und das Aufschrauben einer Dose oder Flasche gelingen dem Kind immer besser. Hierbei wird zunehmend die **Bevorzugung der Hand,** die hantiert, und der anderen, die hält, sichtbar.

1½ – 2 Jahre

Es baut nun Türme aus 4 – 8 Klötzen und beschäftigt sich mit konstruktivem Spielmaterial wie Nopper, Duplo, Steckspielen und einfachen Holzpuzzles.

Es **malt im Faust- oder auch im Pfötchengriff** kräftige Kritzelformen oder haut mit Wucht auf das Papier, sodass Punkte und Löcher entstehen.

2 – 2½ Jahre

Das Essen gelingt nun weitgehend selbstständig, dauert aber noch recht lange.

Zufallsprodukte aus Duplo-Steinen oder Ähnlichem entstehen, und das Kind spielt mit Sand, Wasser und Naturmaterialien. Beim Malen entstehen oft Spiralen, Kreisformen oder kleine, ausgemalte Flächen.

Die Feindosierung seiner gesamten Körperkoordination ist nun so weit entwickelt, dass es zum Beispiel ein zu drei Viertel gefülltes Wasserglas durchs Zimmer tragen kann.

Die Bevorzugung einer Hand wird nun immer deutlicher erkennbar. Durch das ständige Einüben von Fertigkeiten hat das Kind herausgefunden, was mit welcher Hand besser geht. Eine Halte- und eine Arbeitshand prägen sich aus.

Bei bestehender Linkshändigkeit darf das Kind auf keinen Fall umerzogen werden (siehe Seite 82f.).

Das Kind kann einen Wasserhahn und eine Flasche auf- und zudrehen, sowie Spielzeuge mit Uhrwerk aufziehen. Das Wis-

sen über die richtige Drehrichtung hat es durch die häufige Übung und den wiederholt gleichen Einsatz von Halte- und Arbeitshand erlangt.

2½ – 3 Jahre

Kinder, die lange ihre Arbeits- und Haltehand wechseln, haben oft Störungen in der Wahrnehmung der Raumrichtungen. Sie lernen lange nicht, in welche Richtung ein Wasserhahn auf- und zugeht.

Das Kind **baut dreidimensionale Werke** aus Duplo-Steinen oder Ähnlichem und **stellt Reihen aus Autos und anderen Spielsachen** auf. Dies ist ein häufiges Phänomen und eine fantastische Selbstübung der Kinder, um Reihenfolgen, Raumrichtungen, Zuordnungen und Mengen zu erfahren.

Außerdem können Sie hierbei beobachten, ob Ihr Kind ausdauernd und vertieft spielen kann. Unruhige und sehr bewegungsaktive Kinder lassen solche Spielformen oft vermissen.

Im Ballspiel fängt das Kind nun einen großen weichen Ball mit den Armen vor dem Bauch auf. Es kann die Zeit, die der Ball zum Ankommen braucht, den Abstand zwischen den Personen und seine motorische Reaktion aufeinander abstimmen.

Beim Malen hält es den Stift mehr und mehr zwischen den Fingern und **malt geschlossene Kreise sowie senkrechte und waagerechte Linien.**

Es dosiert nun seine gesamte Körperbewegung so fein, dass es eine fast volle Tasse tragen kann, ohne etwas zu verschütten.

Die Handgeschicklichkeit des Kindes ist jetzt so weit fortgeschritten, dass es große Knöpfe und Reißverschlüsse öffnet. Es **schneidet mit der Schere Schnipsel** und malt Kreuze. Es baut häufig dreidimensionale Werke und erlangt dabei die Fähigkeit, eine einfache Brücke aus drei Teilen nachzubauen. Eine Voraussetzung dazu sind die vielen Erfahrungen über die räumlichen Beziehungen, die es während seiner Krabbelzeit machen konnte.

3 – 3½ Jahre

3½ – 4 Jahre

Inzwischen kann das Kind auch kleine Knöpfe öffnen und große schließen. Es beginnt, großräumig Formen auszuschneiden und **malt erste Kopf- oder Gliederfüßler** aus mindestens drei Teilen.

An dieser Darstellung können Eltern erkennen, wie das Kind seinen Körper wahrnimmt, d. h. wie ausgeprägt sein so genanntes Körperbild ist.

Es versucht, einfache Werkzeuge wie Schraubenzieher, Hammer und Feile zu benutzen. Mit weicher Knete kann es eine Kugel und eine Wurst nachkneten.

4 – 4½ Jahre

Nun gelingt es dem Kind, zu würfeln und Spielfiguren gezielt aufzusetzen. Es beginnt, einfache Brettspiele zu spielen.

Es ist so geschickt, dass es kleine Perlen auf eine Stopfnadel aufzufädeln vermag. Die isolierte Fingerbeweglichkeit ist so weit fortgeschritten, dass es im Kindergarten **recht komplizierte Fingerspiele** mitmachen kann.

Das Kind baut mühelos mit Baufix oder ähnlichem Material und hat genügend Kraft, um Wäscheklammern aufzustecken.

Wenn es die gegenläufige Bewegungsrichtung beider Hände erfasst hat, kann es Papierschnipsel reißen.

Durch seine geschickten, kraftvollen und auch wohldosierten Bewegungen mit den Fingerspitzen gelingen ihm einfache Papierfaltarbeiten.

Beim Ausmalen bleibt es in etwa in der Begrenzung und **malt im Dreipunktgriff** erste Schrägen, z. B. von Dächern.

4½ – 5 Jahre

Das Kind beginnt mit Messer und Gabel zu essen. Seine Hand-Hand-Koordination ist so weit entwickelt, dass es **gleichzeitig mit jeder Hand eine andere Bewegung** machen kann. Zu einer guten Koordination gehört auch, dass isolierte Bewegungen mit jeder Hand durchgeführt werden können.

Seine **Handdominanz ist so weit gefestigt,** dass es zunehmend sicher in der Benutzung seiner Arbeits- und Haltehand wird und kaum mehr wechselt.

Mit einer Hand kann es nacheinander mehrere kleine Gegenstände einsammeln, weil es seine Finger isoliert und koordiniert bewegen kann. Dadurch sind ihm auch andere exakte Fingerbewegungen wie z. B. beim Schnipsspiel mit Murmeln möglich. Es kann Büroklammern und kleine Kinderwäscheklammern aufstecken und lernt, einen Knoten zu machen.

In seinen Bildern beginnt es, gegenständlich zu malen. Es zeichnet ein Haus oder Schiff annähernd richtig ab und malt Männchen aus mindestens 6 Teilen.

Einfache Kinderwerktechniken wie z. B. Papierflechten gelingen ihm nun, weil seine Handlungsplanung, die Wahrnehmung räumlicher Beziehungen und die feine Dosierung der Hand- und Fingerbewegungen möglich sind.

Mit einer Pinzette kann das Kind nun kleine Perlen ergreifen, Mikado spielen und einfache Faltarbeiten, wie z. B. „Himmel und Hölle", ausführen. Es schneidet einen Kreis exakt auf der Linie aus und versucht, die Schleife seiner Schuhe zu binden. Beim Malen benützt es kleine Formen mit **den Grundelementen der Schrift** (siehe Seite 112f.) und kann seinen Namen in großen Druckbuchstaben abschreiben. Einzelne Buchstaben schreibt es dabei noch in Spiegelschrift. Das ist ein Zeichen dafür, dass die Raumlagewahrnehmung bei der Umsetzung ins Zweidimensionale noch nicht gefestigt ist. In diesem Alter ist dieses Phänomen bei vielen Kindern noch vorhanden und gibt keinen Anlass zur Sorge.

5 – 5½ Jahre

Weil nun die Hand-Hand-Koordination, die **isolierte Fingerbeweglichkeit** und die Richtungsvorstellung ausreichend vorhanden sind, kann das Kind seine Schuhe binden und lernt verschiedene Werktechniken wie Kordeldrehen, Fingerhäkeln und ein Wollknäuel aufzuwickeln. Es gelingt ihm, einen aufgemalten Kreis und ein Quadrat aus Papier zu reißen. Auch schwierigere Formen, wie z. B. Tiere, kann es aus dickerem Papier ausschneiden. Beim Malen benützt es sämtliche

5½ – 6 Jahre

Grundmuster der Schrift (siehe Seite 113) und malt in seinen Bildern Personen, Tiere und Gebäude. Auch fortlaufende Muster gelingen zunehmend.

6 – 6½ Jahre

Beim Basteln kann das Kind jetzt Geld frottieren und dieses danach exakt ausschneiden. Es kann spitzen, radieren und flächendeckend flüssig ausmalen. Es ist in der Lage, sämtliche **Druckbuchstaben, Zahlen und andere einfache grafische Muster zu erfassen** und in der annähernd richtigen Größe **und** Raumlage **wiederzugeben.** Damit hat es gute Voraussetzungen, um die Druckschrift zu erlernen.

6½ – 7 Jahre

Die feinmotorische Geschicklichkeit des Kindes ist nun so weit fortgeschritten, dass es mit der Strickliesel strickt, ein Lineal und verschiedene einfache Werkzeuge benützt und eine Schlangenlinie aus Papier reißen kann.

Es malt **kleine, fortlaufende Muster in alle Richtungen** und hat damit die Fähigkeit, zusätzlich zur Druckschrift die Schreibschrift mit ihren ständig wechselnden, gegenläufigen Bewegungen zu erlernen. Dabei hat es seine Stifthaltung so weit automatisiert, dass es schon recht ausdauernd malen und schreiben kann.

Teilaspekte der Handgeschicklichkeit

Die Aufteilung in Einzelaspekte ermöglicht eine genaue Beobachtung der Fähigkeiten des Kindes.

Zur Beurteilung der altersgemäßen Entwicklung ist nicht nur die Abfolge der einzelnen Teilschritte von Bedeutung, die oben dargestellt wurde, sondern es sollten auch einzelne Aspekte der Handgeschicklichkeit genau betrachtet werden. Daher wird im Folgenden die kindliche Handgeschicklichkeit in einzelne Aspekte unterteilt. Auffälligkeiten in diesen Einzelaspekten werden beschrieben und deren Auswirkung auf die weitere Entwicklung erläutert. So erhalten Sie ein noch genaueres „Handwerkszeug" für Ihre Beobachtungen.

Durch anschauliche Beispiele möchten wir Ihnen ermöglichen, Ihr Kind genau zu beobachten und ihm gezielter zu helfen, falls Sie einen Entwicklungsrückstand feststellen.

Allerdings ist es in der Praxis nicht ganz einfach, die Handgeschicklichkeit in strikte Einzelaspekte zu trennen. Es hängen immer mehrere Einzelaspekte eng zusammen. In der Regel entstehen erst Schwierigkeiten, wenn mehrere Einzelaspekte auffällig sind und das Kind dadurch seine Defizite nicht mehr kompensieren kann.

Die Handgeschicklichkeit lässt sich in folgende Teilaspekte gliedern:

- Die Kraftdosierung / die Hand- und Fingerkraft
- Beweglichkeit des Schulter- und Ellbogengelenks
- Beweglichkeit des Handgelenks
- Beweglichkeit der Fingergelenke
- Die Zielgenauigkeit / die Auge-Hand-Koordination
- Hand-Hand-Koordination
- Handdominanz
- Die Eigenwahrnehmung / der Tast- und Bewegungssinn
- Hand- und Fingergeschicklichkeit

Die Kraftdosierung / die Hand- und Fingerkraft

Kinder brauchen zur Entwicklung ihrer Handgeschicklichkeit eine ausreichende Hand- und Fingerkraft. Genauigkeit und fließende Bewegungen sind nur möglich, wenn sie ihre Kraft entsprechend der Aufgabe fein dosieren können.

Kraftlose Kinder vermeiden Bewegung.

Kinder mit mangelnder Hand- und Fingerkraft sind fast immer am ganzen Körper schlaff und kraftlos. Ihre Hand- und Fingermuskulatur ist wenig ausgebildet. Das kann man spüren, wenn man ihnen die Hand gibt, und an ihren weichen, fast etwas „teigigen" Fingern sehen. Manche dieser Kinder haben überbewegliche Gelenke.

Dadurch fällt es ihnen schwer, sich ganzkörperlich und isoliert zu stabilisieren und kraftvoll und mit Ausdauer zu hantieren.

Schon beim Klettern können sie ihr Körpergewicht mit den Händen kaum halten. Beim Schreiben haben sie Schwierigkeiten, aufrecht sitzen zu bleiben. Sie sinken nach vorne, ihr Rücken wird rund, und sie verlagern einen Teil ihres Körpergewichts auf den Schreibarm. Dadurch wird der Schreibvorgang erheblich erschwert. Sie ermüden rasch und haben wenig Ausdauer. Viele Tätigkeiten sind für sie anstrengend und werden vermieden. Dadurch nehmen sich die Kinder selbst die Übungsmöglichkeiten, die sie brauchen, um gesamtkörperlich und feinmotorisch gewandter zu werden.

Beim Malen und Schreiben haben sie oft Schwierigkeiten, den Stift stabil im Dreipunktgriff zu halten. Viele dieser Kinder, aber auch sehr zarte Kinder (z. B. ehemalige extreme Frühgeborene) benützen einen oder mehrere Finger als Stützfinger.

Diese Stifthaltung erschwert bei den meisten Kindern flüssiges und dynamisches Malen und Schreiben. Die Bewegungen werden statt mit den Fingern stärker aus dem Handgelenk und dem ganzen Arm heraus geführt. Schnelle und sehr exakte Schreibbewegungen sind dadurch oftmals nicht möglich.

Exaktes Ausmalen und gezieltes Schreiben in einer Linie gelingen somit kaum. Die Kinder haben deshalb wenig Ausdauer und Freude an allen Tätigkeiten, die Genauigkeit und Kraft erfordern.

Andere Kinder haben einen zu großen Kraftimpuls. Ihnen misslingen viele feinmotorische Verrichtungen, die eine genaue, feine Bewegungsdosierung erfordern, wie z. B. Ausmalen, Papier falten oder Malen mit einem feinen Pinsel. Sie malen und schreiben zu groß, drücken zu stark auf und können an einer Grenze oder Linie nicht genau abstoppen. Dadurch haben sie wenig Freude und Geduld an allen feinmotorischen Dingen wie Basteln, Schneiden und Schreiben.

Mangelndes Spüren erschwert exakte Bewegung.

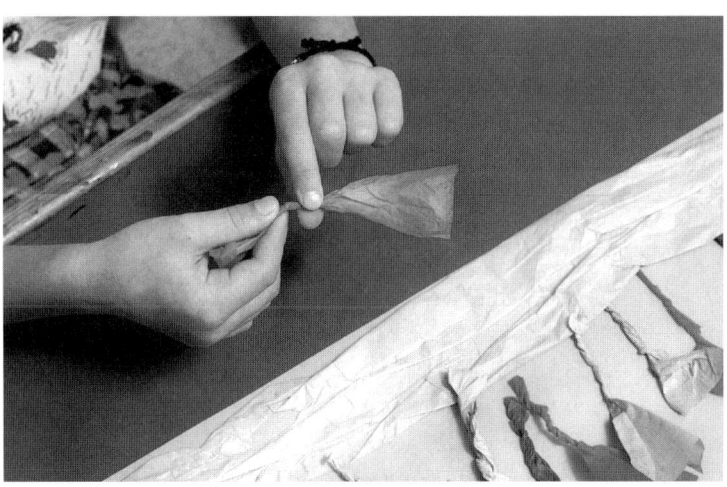

Ihr Grundproblem ist meist, dass sie die erforderliche Bewegung über den Bewegungssinn nicht ausreichend spüren und deshalb trotz gutem Willen ihre Bewegung nicht entsprechend steuern und dosieren können.

Die Beweglichkeit des Schulter-, Ellbogen- und Handgelenks

Um gut dosierte Bewegungen ausführen zu können, muss das Zusammenspiel der Vielzahl von Muskeln sehr genau aufeinander abgestimmt sein. Dabei ist die exakte Regulation der Muskelspannung (Muskeltonus) von entscheidender Bedeutung.

Es gibt Kinder, die zu wenig Muskelspannung haben und deswegen wenig Kraft und Stabilität aufbringen können.

Zum anderen gibt es Kinder, deren Gelenksbeweglichkeit durch einen zu hohen Muskeltonus eingeschränkt ist. Sie haben Schwierigkeiten, sich zu lösen und lockere, dynamische Bewegungen auszuführen. Beide Störungen führen zu speziellen Problemen.

Schlaff und kraftlos

Für kraftvolle Bewegungen brauchen Kinder Stabilität.

Kinder, die am ganzen Körper schlaff und kraftlos, d. h. hypoton sind, haben im Grunde eine gute Beweglichkeit der Gelenke. Die Knie-, Ellbogen-, Hand- und Fingergelenke sind oft sogar überbeweglich und teilweise überstreckt. So neigen diese Kinder zu Haltungsschäden der Füße wie Knick-, Senk-, Spreizfüße oder des Rückens wie Rundrücken oder Skoliose.

Das Problem dieser Kinder ist einerseits die Stabilisierung der Gelenke. Andererseits fallen ihnen alle Bewegungen schwer, die kräftig, dynamisch oder schnell wechselnd sind.

Um sich zu stabilisieren, verkrampfen sie sich kompensatorisch. Sie ermüden rasch, sind nicht anstrengungsbereit und haben damit kaum Spaß an der Bewegung. Sie vermeiden ganzkörperliche Betätigung und haben dadurch wenig Körper- und Raumerfahrung.

Auch feinmotorisches Arbeiten fällt ihnen schwer, denn zu jeder Bewegung gehört sowohl die Stabilität als auch die Mobilität. So muss z. B. beim Malen der Stift stabil gehalten werden können, bei gleichzeitiger schneller Bewegung der Fingergelenke. Beim Malen und Schreiben verkrampfen sich diese Kinder und heben durch die zunehmende Spannung ihr Handgelenk von der Unterlage ab. Dadurch ist die Finger- und die Handgelenksbeweglichkeit blockiert, und kleine Bewegungen, fließendes und ausdauerndes Malen und Schreiben sind kaum möglich.

Eingeschränkte Beweglichkeit der Gelenke

Kinder, die in der Beweglichkeit ihrer Gelenke eingeschränkt sind, wirken steif, unbeweglich und wenig dynamisch in all ihren Körperbewegungen. Sie können nicht in die Hocke gehen, weil Hüft- und Fußgelenke durch die starke Muskelspannung nicht ausreichend gebeugt werden können, bzw. der Wechsel von Spannung und Entspannung nicht fließend möglich ist.

Eine eingeschränkte Gelenksbeweglichkeit erschwert dynamische Bewegungen.

Betroffene Kinder machen z. B. beim Hüpfen kleine Bewegungen und können kaum rennen oder dynamisch federnd springen. Bei großen Bewegungen aus Schulter und Ellbogen, wie z. B. dem Schwingen von Tüchern, Sprungseilen bzw. beim Malen von Schwungübungen, können sie die Arme nicht richtig hoch strecken, und es fällt auf, dass sie sich langsam und „unrund" bewegen. Sie kommen nicht in einen rhythmischen Bewegungsfluss. Die Unbeweglichkeit des Handgelenks und der Finger verhindert schnelle, wechselnde Bewegungen, wie dies z. B. beim flächendeckenden Ausmalen oder beim Schreiben von Schreibschrift-Buchstaben erforderlich ist. Sie haften beim Malen und Schreiben auf der Stelle. Viele dieser Kinder heben ebenfalls ihr Handgelenk von der Unterlage ab und drücken so stark auf den Stift, dass mitunter die Fingernägel durch den Druck weiß werden. Sie malen ungern, klein und haben vor Anstrengung keinerlei Freude an länger anhaltenden feinmotorischen Verrichtungen.

Die Beweglichkeit der Fingergelenke

Die isolierte, gut koordinierte und fließende Fingerbeweglichkeit ist für alle feinmotorischen Tätigkeiten von entscheidender Bedeutung. Kinder, die damit Probleme haben, bekommen große Schwierigkeiten bei allen feinmotorischen Tätigkeiten, beim Malen und beim Schreiben.

Es gibt Kinder, die sich kompensatorisch versteifen, um ihren niedrigen Muskeltonus auszugleichen. So können sie keine fließenden Bewegungen ausführen und ermüden schnell. Obwohl ihre Fingergelenksbeweglichkeit primär nicht eingeschränkt ist, können sie keine fließende Bewegung ausführen. Wechselnde Bewegungen, wie z. B. beim Ausmalen, gelingen aber nur, wenn ein ständiger Wechsel von Stabilität und Mobilität, Anspannung und Entspannung, möglich ist.

Mangelnde Fingergelenksbeweglichkeit verhindert ein feines, genaues Arbeiten.

Auch Kinder, deren Fingergelenksbeweglichkeit durch einen zu hohen Muskeltonus eingeschränkt ist, haben Probleme mit der feinmotorischen Geschicklichkeit.

Beim spielenden Kleinkind fallen die einfachen, wenig dynamischen Bewegungen oft noch wenig auf. Wenn es z. B. baut, kommt es noch ohne fließende, dynamische Bewegungen aus. Erst beim Malen und Schreiben ist eine gute Beweglichkeit und das feine Zusammenspiel aller Finger Voraussetzung. Wenn dies nicht möglich ist, müssen die betroffenen Kinder aus dem Handgelenk heraus schreiben. Für sie ist ein fein dosiertes, genaues und schnelles Arbeiten nicht möglich. Die Kinder ermüden rasch und vermeiden alle feinmotorischen Anforderungen.

Die Zielgenauigkeit / die Auge-Hand-Koordination

Um sehr genau feinmotorisch zu hantieren, ist eine exakte Bewegungsausführung erforderlich. Damit das Kind z. B. an einer Linie entlang malen oder schneiden kann, muss es seine Bewegungen genau spüren und anpassen.

Auffälligkeiten in diesem Bereich können verschiedene Ursachen haben.

Augenmotorische Störungen

Manche Kinder sind kurz- oder weitsichtig, haben eine Hornhautverkrümmung oder schielen leicht, ohne dass dies bemerkt wird. Auch die Zusammenarbeit der Augen und die fließende Augenbewegung können leicht gestört sein. Diese Kinder suchen wenig Blickkontakt zu Personen und können den Blick nicht halten. Beim Lesen können sie nicht mit den Augen in der Zeile bleiben und müssen als Lesehilfe den Finger unter der Zeile mitführen. Beim Zeilenwechsel finden sie lange nicht den Anfang wieder, weil ihre Augen sich sprunghaft bewegen. Zudem haben sie Schwierigkeiten, ein bewegtes Objekt mit den Augen zu verfolgen, wie z. B. beim Ballspiel.

Störungen der Zielgenauigkeit können verschiedene Ursachen haben.

Bei der Vorsorgeuntersuchung des Kinderarztes fallen solche leichten Sehstörungen teilweise nicht auf. Die Auswirkung auf die Feinmotorik und besonders auf die Zielgenauigkeit ist aber schon bei einer geringen Sehbeeinträchtigung deutlich auffällig.

> *Wenn Sie einen Verdacht auf eine Sehbeeinträchtigung Ihres Kindes haben, scheuen Sie sich nicht, zu einem Augenarzt zu gehen, der mit Kindern Erfahrung hat. Sehr hilfreich ist auch die Vorstellung bei einer/m Orthoptistin/en (Sehschule). Dort werden teilweise noch weiter reichende Untersuchungen durchgeführt.*

Auge-Hand-Koordinationsstörung

Das Zusammenspiel von Augen und Händen entwickelt sich bereits ab dem 4. Lebensmonat. Geschieht dies auf Grund einer Entwicklungsstörung nicht ausreichend, kann es später zu einer mangelnden Koordination von Auge und Hand kom-

men. Die Augen sind dann nicht in der Lage, dem Bewegungsfluss der Hand zu folgen und umgekehrt.

Doch damit ein Kind mit dem Stift eine Linie nachfahren
kann, ist das Zusammenspiel von Augen und Händen unabdingbar. Als Folge einer mangelnden Zusammenarbeit können
betroffene Kinder nicht in der Zeile schreiben, nicht genau
ausmalen und nicht ausschneiden. Ihre Augen verfolgen nicht
fließend, was die Hände tun.

Die Hand-Hand-Koordination

*Die Hand-Hand-
Koordination kann
durch verschiedene
Faktoren beein-
trächtigt werden.*

Für alle beidhändigen Verrichtungen ist die Hand-Hand-Koordination die Grundvoraussetzung. Sie entwickelt sich bereits
ab dem 3. Monat durch das Zusammenführen der Hände in
der Körpermittellinie.

Mehrere Faktoren können zur Beeinträchtigung der Hand-
Hand-Koordination führen:

58

- Die mangelnde Zusammenarbeit beider Hirnhälften führt meistens zu ganzkörperlichen Koordinationsstörungen. Komplexere Bewegungen wie beim Schwimmen, Radfahren, Rennen und Ballfangen sind beeinträchtigt.
- Eine mangelnde Körper- und Raumvorstellung führt zu einer insgesamt schlechten Bewegungsplanung. Das Kind spürt nicht, wie die Hände am besten zusammenarbeiten können. Beim Ausschneiden fällt z. B. auf, dass sie sehr umständlich arbeiten.
- Eine verzögerte Händigkeitsentwicklung, bei der sich Halte- und Arbeitshand nicht ausgeprägt haben, kann sich negativ auswirken. Die Kinder üben in diesem Fall nicht ausreichend die Geschicklichkeit ihrer dominanten Hand, weil sie ständig wechseln. So bleiben beide Hände relativ ungeschickt.
- Die Fähigkeit zur isolierten Bewegung einer Hand kann durch eine allgemeine Unreife des Gehirns beeinträchtigt sein. Die Haltehand macht die Bewegung der Aktionshand ungesteuert mit. Dies nennt man assoziierte Mitbewegung. Beim Schneiden mit der Schere führt dies dazu, dass die Haltehand die Schneidebewegung in Ansätzen mitmacht und dadurch der schneidenden Hand nicht gut zuarbeiten kann. Wenn betroffene Kinder z. B. zwei volle Wasserbecher tragen und nur einen ausschütten wollen, macht die andere Hand unwillkürlich die Schüttbewegung mit und kann nicht stillgehalten werden.

Die Handdominanz

Die Ausprägung der Handdominanz ist von entscheidender Bedeutung für die Entwicklung der Handgeschicklichkeit (siehe Seite 83).

Die Ausprägung der Handdominanz ist eine Grundlage zur Entwicklung der Richtungswahrnehmung. Raumrichtungen wie rechts und links werden über die permanent gleiche Benutzung der Hände erfahren. Auffälligkeiten in diesem Bereich bedingen, dass das Kind weder seine Arbeits- noch seine Haltehand ausreichend übt.

Durch das ständige Wechseln der Hände bei Tätigkeiten halbiert sich sozusagen die „Übungszeit" beider Hände.

Wenn das Kind ständig wechselt, kann sich die Richtungswahrnehmung nicht stabilisieren.

Langes Wechseln der Hände halbiert die Übungszeit und führt zu mangelnder Automatisierung.

Dadurch hat das Kind Schwierigkeiten, seine Bewegungen und Handlungen in Bezug auf die Raumrichtung zu planen und durch häufiges, immer gleiches Wiederholen zu automatisieren. Es muss bei jeder Tätigkeit neu überlegen, in welche Richtung und mit welcher Hand es etwas macht. Dies ist sehr anstrengend und nimmt dem Kind viel Kraft und Energie, um sich auf Inhalte zu konzentrieren, die in Kindergarten und Schule vermittelt werden. Spiele, wie „Mein rechter, rechter Platz ist leer, da hol ich mir die ... her", sind kaum zu bewältigen, Bildergeschichten, die in eine bestimmte Reihenfolge gebracht werden müssen, können nicht folgerichtig gelegt werden. Das Lesen und Schreiben in der Lese-Schreibrichtung von links nach rechts ist für solche Kinder sehr schwierig.

Die Eigenwahrnehmung / der Bewegungs- und Tastsinn

Über den Bewegungs- und Tastsinn und die Eigenwahrnehmung nehmen wir ohne visuelle Kontrolle wahr, in welcher Stellung sich unser Körper befindet und welche Bewegungen nötig sind, um eine bestimmte Tätigkeit auszuführen. Auch die erforderliche Dosierung der Kraft und das Ausmaß der

Bewegung erfolgen aufgrund dieser Sinneswahrnehmungen. Ebenso können wir wahrnehmen, ob uns ein Reiz angenehm oder unangenehm ist und uns entsprechend verhalten.

Störungen in diesem Bereich beeinträchtigen die Entwicklung des Kindes massiv. Das Kind verarbeitet Berührungs- und Bewegungsreize während seiner ganzen Kindheit nicht adäquat. So kommt es, dass die exakte Ausführung von Bewegungen nicht gelingen kann. Die betroffenen Kinder spüren nur ungenau, wie z. B. die Position ihres Körpers ist, oder mit welchen Fingern sie den Stift halten. Sie müssen dies mit den Augen kontrollieren. Sie nehmen nicht wahr, ob sie schief auf dem Stuhl sitzen und gleich herunterfallen werden, oder ob ihnen das Hemd aus der Hose hängt. Sie kleckern und haben häufig kein Gefühl dafür, ob ihr Mund beim Kauen offen oder geschlossen ist.

Diese Kinder entwickeln keine genaue Vorstellung ihres Körpers (Körperschema). Auch das Erfassen von Richtungen, Dimensionen und Formen wird nicht exakt wahrgenommen und kann somit auch nicht umgesetzt werden.

Bei feinmotorischen Verrichtungen spüren sie nicht genau, ob ihr Krafteinsatz richtig dosiert ist, und es passiert ihnen häufig, dass ein Spielzeug oder Material kaputt geht. Sie haben auch keine Empfindung dafür, ob die Richtung beim Malen stimmt, und sie müssen ihre Bewegungen massiv mit den Augen kontrollieren. Bei Rückwärtsbewegungen und im Dunkeln sind diese Kinder sehr unsicher, weil sie sich nicht auf ihren Bewegungssinn verlassen können.

Für diese Störung gibt es zwei mögliche Ursachen:

Das Körperschema ist eine wichtige Voraussetzung für die Bewegungsplanung.

* Bewegungs- und Tastsinn reagieren überempfindlich. Deshalb kommt es zu einer weitgehenden Vermeidung von Berührungs- und Bewegungsreizen. Die Kinder können diese Reize nicht entsprechend verarbeiten und empfinden

*Eine Über-
empfindlichkeit
des Bewegungs-
und Tastsinns
führt zur
Bewegungs-
vermeidung.*

*Eine Unter-
empfindlichkeit
des Bewegungs-
und Tastsinns
verhindert exakte
Bewegungs-
ausführung.*

sie meist als zu stark oder auch als quälend, ähnlich wie die Wahrnehmung zu lauter Musik, zu greller Farben, zu enger Schuhe oder auch eine zu heftige Berührung. Der Kontakt mit Materialien ist betroffenen Kindern oft unangenehm, vor allem der mit diffusen, schwer zu klassifizierenden Tastqualitäten wie Sand, Matsch oder Kleber. Das Vermeiden des Materialkontakts führt zu einem großen Defizit an Erfahrungen. Dies wiederum beeinträchtigt die Entdeckung der Umwelt über alle Sinnessysteme. Das Kind wird massiv in seiner Lernfähigkeit und der Entwicklung seiner Intelligenz beeinträchtigt.

• Der Tastsinn und der Bewegungssinn sind unterempfindlich. Das Kind bekommt beim Krabbeln, Gehen oder bei anderen Bewegungen und Tätigkeiten nicht genug Reizinformationen, um die Lage seiner Gelenke und seines Körpers in Bezug zum Raum wahrzunehmen. Auch Tasteindrücke werden nur abgeschwächt oder gar nicht wahrgenommen und somit nicht als Erfahrung abrufbar gespeichert. Teilweise sind betroffene Kinder sehr grob, schmerzunempfindlich und bevorzugen sehr kräftige Reize, um sich und ihre Umwelt ausreichend zu spüren. So lassen sie sich z. B. heftig am Boden entlang schliddern, springen aus beängstigenden Höhen herab, rangeln und raufen viel, um ihren Körper intensiv wahrzunehmen. So fällt ihnen der behutsame Umgang mit sich, anderen Menschen und Materialien schwer. Sie haben kaum die Möglichkeit, exakte, fein dosierte und elegante Bewegungen auszuführen. Feinmotorische Dinge frustrieren sie stark und vieles misslingt ihnen. Die zusätzliche Vermeidung dieser Bewegungen führt zu einem starken Defizit an Erfahrungen. Diese Auffälligkeiten sind bei Jungen häufiger zu beobachten als bei Mädchen. Die betroffenen Jungen werden oft als „die wilden Buben" bezeichnet, die nur draußen spielen wollen, viel unterwegs sind und sich mit keinerlei feinmotorischen Dingen beschäftigen wollen. Leider wird dieses Verhalten bei Jungen gesellschaftlich mehr toleriert als bei Mädchen, und somit wird über bestehende Defizite leicht „hinweggesehen".

Die Hand- und Fingergeschicklichkeit

Die Hand- und Fingergeschicklichkeit kann sich dann gut entwickeln, wenn alle Sinnessysteme zusammenarbeiten und das Kind in einer anregenden Umgebung aufwächst. Das Kind muss selbst tätig sein und über vielfältige Handlungen Körper und Umwelt aktiv erfahren können. Manche Kinder sind durch hirnorganische Störungen in ihrer feinmotorischen Entwicklung beeinträchtigt. Sie zittern oder zucken unwillkürlich bei feinen Bewegungen. Dies sind Auffälligkeiten, die unbedingt mit einem neurologisch ausgebildeten Kinderarzt besprochen werden sollten. Oft ist die Ursache nicht herauszufinden, teilweise ist sie auch erblich bedingt. Manchmal sind diese Störungen ein Hinweis auf eine leichte Hirnschädigung oder eine andere krankhafte Veränderung im Gehirn des Kindes. Dieses Zittern, der so genannte Tremor, ist therapeutisch meist nur sehr schwer zu beeinflussen, und die feinmotorischen Arbeiten des Kindes werden ungenau bleiben. Beim Schreiben muss hingenommen werden, dass die Schrift verzittert oder verwackelt ist.

Wie Sie die Handgeschicklichkeit fördern können

Durch sinnvolle Tätigkeiten und anregende Spiele lässt sich die Handgeschicklichkeit des Kindes zu Hause und im Alltag problemlos fördern – ohne großen Aufwand und integriert in die täglichen Abläufe. Ein sinnvolles Materialangebot für die jeweilige Altersstufe und einige beispielhafte Ideen sollen Ihnen helfen, Ihrem Kind ein sinnvolles Spiel- und Beschäftigungsangebot zu geben. So können Sie es in seiner feinmotorischen Entwicklung unterstützen.

0 – 3 Monate

In den ersten Wochen seines Lebens braucht das Kind vor allem Geborgenheit und Sicherheit, um sich zunehmend seiner Umwelt zuzuwenden. Es braucht sehr viel Körperkontakt und Nähe. Ganzkörperliche Berührung bei der Körperpflege und durch Babymassage bilden die Grundlage für die Weiterentwicklung seines Tastsinns. Wichtig ist auch das Bewegt-Werden beim Tragen, beim Lagewechsel, durch Wiegen und Schaukeln. Dadurch wird das Gleichgewicht des Kindes gefördert, und sein Bewegungssinn wird durch die Auseinandersetzung mit den sich ändernden Schwerkrafteinflüssen geschult.

Körperkontakt und Bewegt-Werden sind Grundbedürfnisse des Neugeborenen.

Durch diese „Sinnesschulung" entsteht ein stabiles Fundament im Bereich der Nahsinne. Wenn sich die Hände des Säuglings mehr und mehr öffnen, ist es schön, ihm mit verschiedenen Materialien über die Handflächen zu streichen und ihm unterschiedliche Dinge in die Hände zu geben. Dabei steht die Material- und Formenvielfalt im Vordergrund. Die Funktion dieser Dinge ist für das Kind noch unwichtig.

Alltagsgegenstände bieten viele Sinnesinformationen.

> **Tipp**
> *Schön ist es, wenn Sie verschiedene interessante Materialien in einer Kiste sammeln, die Sie Ihrem Kind täglich anbieten: z. B. verschiedene Schwämme, Bürsten, Fellstückchen, auch ein Stück Rinde, Tannenzapfen und andere Naturmaterialien.*

4 – 6 Monate

Wenn das Baby zunehmend aktiv greift, Gegenstände mit beiden Händen manipuliert und auch in den Mund steckt, ist es wichtig, dem Kind Spielmaterialien zu geben, die es leicht greifen kann. Mit beiden Händen kann das Baby nun noch besser die Form und ansatzweise auch schon einfache Funktionen erfahren. Es merkt, wenn ein Gegenstand elastisch, biegsam, verschiebbar oder anders beweglich ist. Selbst hergestelltes Spielzeug oder „zweckentfremdete" Alltagsgegenstände bieten oft mehr Abwechslung und vielseitigere Tasterfahrungen als gekauftes Babyspielzeug.

> **Tipp**
> *Fädeln Sie ausgediente Knöpfe auf eine feste Schnur. Mit diesem selbst gemachten Spielzeug lassen sich tolle Geräusche erzeugen und Bewegungen machen. Stellen Sie Ihrem Kind wechselnde Spielzeuge zur Verfügung. Immer die gleichen, käuflichen Babyspielsachen bieten bald keinen neuen Reiz mehr, werden langweilig, und das Baby entwickelt nicht die nötige Neugier, um viele verschiedene Sinneseindrücke zu erleben.*

7 – 9 Monate

Da Ihr Kind nun beginnt, sich selbst fortzubewegen, möchte es den gesamten Raum mit all seinen vielen Sinneseindrücken erobern. Geben Sie Ihrem Kind die Möglichkeit dazu, räumen Sie nur die Dinge weg, die es gefährden könnten. Dadurch bekommt das Kind einen großen Erfahrungsschatz, der nicht allein durch das Spiel mit Kinderspielzeug oder gar im Laufstall zu erwerben ist. Ihr Kind ergreift nun kleine Gegenstände mit dem Flachzangengriff. Da es diese verschlucken kann, dürfen

Die Fortbewegung erweitert den Erfahrungshorizont.

65

die Gegenstände nicht „lose" angeboten werden. Wenn Sie anwesend sind, ist es für das Kind wichtig, kleine Dinge ergreifen zu können, um sich in dieser Funktion zu üben. Die Sachen sollten Sie dem Kind sanft und spielerisch wieder wegnehmen, bevor es sie in den Mund steckt.

Tipp

Nähen Sie kleine Gegenstände z. B. an Stoffpuppen oder Stofftiere an. Legen Sie das Kind auch einmal auf die Wiese und nicht nur auf eine Krabbeldecke. So kann es Gras und kleine Blätter zupfen, Kieselsteine und auch einmal ein Schneckenhaus anfassen.

---

10 – 12 Monate

Das Kind entdeckt die dritte Dimension.

Das Kind beginnt nun zunehmend die dritte Dimension zu entdecken. Es zieht sich an Möbeln hoch, erforscht täglich inten-

---

Tipp

Erlauben Sie Ihrem Kind in jedem Raum den Zugang zu einzelnen Schubladen, Regalfächern oder Schranktüren, die es ausräumen darf. So entdeckt es viele Alltagsgegenstände und deren Formen- und Materialvielfalt, während Sie in Ruhe Ihrer Arbeit nachgehen können. Sie können Ihr Kind vor dem Einklemmen der Finger schützen, indem Sie mit Paketband einen Flaschenkorken vorne in die Schubladen kleben. Sie müssen die Schränke zwar täglich wieder einräumen, aber Ihr Kind bekommt bei der selbstständigen Beschäftigung mit all diesen Alltagsmaterialien einen riesigen Erfahrungsschatz, ist zufrieden und lernt ständig dazu.

---

siver seine Umgebung und Gegenstände auf ihre Funktion hin. Dreh- und Kippschalter und die Knöpfe der Stereoanlage sind magische Anziehungspunkte. Es interessiert sich für einfache Funktionsspiele mit Steckern, Steckpyramide und erste aufeinander steckbare Bauklötze.

12 – 15 Monate

Die meisten Kinder beginnen nun, an Möbeln entlang und dann zunehmend frei zu gehen. Durch diese hohe Mobilität wird ihr Erfahrungshorizont in Wohnung und Garten enorm erweitert. Viel Kontakt mit den normalen Alltagsgegenständen der Umwelt und der Versuch, alle Werkzeuge der Geschwister und Eltern auszuprobieren, werden jetzt wichtig. So will das Kind einen Schlüssel ins Schloss stecken, sich kämmen, mit Stiften malen, beim Abwaschen und Kochen helfen.

Es ist nun in der Lage, auch sehr kleine Dinge mit dem Kneifzangengriff zu erfassen. Durch die Reifung der Mundmotorik ist nun die Gefahr des Verschluckens nicht mehr so groß, und Sie brauchen nicht mehr alle kleinen Dinge wegzuräumen. Das Kind kann nun zwischen Essbarem und nicht Essbarem unterscheiden und spuckt Gegenstände wieder aus.

Tipp

Ermöglichen Sie Ihrem Kind den Kontakt mit allen ungefährlichen Alltagsgegenständen. Nehmen Sie sich möglichst oft Zeit, Ihr Kind bei der Hausarbeit, z. B. beim Kochen, teilhaben zu lassen. Lassen Sie es mit Gemüsestückchen, Linsen und Erbsen spielen, Petersilie zupfen oder Salatblätter zerreißen. Das fördert die Handgeschicklichkeit Ihres Kindes und macht ihm mehr Spaß, als nur mit seinen Spielsachen zu spielen.

Vielfältiges Spielmaterial ist anregend.

Die Auswahl der Spielsachen sollte wohl überlegt werden. Wichtig ist nicht ein Satz gleicher Dinge, wie z. B. Bauklötze oder Spieltiere. Vielmehr können Kinder ihre Sinneswahrnehmung und Geschicklichkeit besonders gut entwickeln, wenn sie ein differenziertes, vielfältiges Materialangebot haben.

Baumaterial aus verschiedenen Stöckchen, Holzresten, Treibholz, Baumrinde und Tannenzapfen ist besser als eine Kiste identischer, gekaufter Klötze. Unterschiedliche Spieltiere aus Stoff, Holz, Metall, Gummi usw. sind interessanter als z. B. gleich gestaltete Plastiktiere. Erst später, wenn Ihr Kind große Bauwerke baut, ist es wichtig, eine größere Menge von einem bestimmten Baumaterial zur Verfügung zu haben.

Finden Sie heraus, womit Ihr Kind besonders gern hantiert, und sammeln Sie unterschiedliche Gegenstände zum entsprechenden Thema. So findet Ihr Kind am besten in ein anregendes Spielverhalten und ist durch experimentelles Spielen beschäftigt und zufrieden.

15 – 18 Monate

Das Gehen automatisiert sich.

Das Kind hat durch seinen ständigen Umgang mit Gegenständen nun schon einen großen Erfahrungsschatz darüber, was womit gemacht werden kann. Weil es die dritte Dimension erfasst hat, beginnt es mit großen Klötzen zu bauen. Es trägt gern Gegenstände, Polster, Kissen und Kisten herum. Auf diese Weise automatisiert sich sein Gehen, wird immer sicherer, gewandter und schneller.

Sein Spiel besteht hauptsächlich aus ganzkörperlicher Bewegung. Es übt zunehmend die Feindosierung der Bewegungen mit dem ganzen Körper. Dies ist eine wichtige Voraussetzung zur Entwicklung der Feinmotorik der Hände.

Es interessiert sich zunehmend für konstruktives Spielzeug und spielt häufig sich wiederholende kleine Spielhandlungen. Dazu gehört auch das tägliche Neuaufbauen der Spieltiere.

Tipp

Zeigen Sie Ihrem Kind den Umgang mit Konstruktionsspielzeug, lassen Sie es dann aber seine eigenen Ideen ausprobieren. Stellen Sie ihm Polster, Schachteln, Kissen und Tücher zur Verfügung, die es in der Wohnung herumtransportieren kann. Es lernt dabei, Arme, Beine und den ganzen Körper zu koordinieren. Dies ist eine wichtige Grundfunktion für das spätere Dreirad-, Roller- und Radfahren sowie eine Grunderfahrung, um später noch schwierigere Bewegungsabläufe, z. B. beim Klettern, Ballspielen, Schwimmen und anderen Sportarten, zu erlernen.

1½ – 2 Jahre

Der Alltag bietet eine Menge feinmotorischer Betätigungsmöglichkeiten.

Bedingt durch die ständige Beschäftigung mit verschiedenen Gegenständen und die Erforschung ihrer unterschiedlichen Beschaffenheiten und Funktionen hat das Kind in diesem Alter eine hohe Sicherheit im Greifen und Manipulieren erlangt. Es hat ein hohes Maß an Tastinformationen erworben, und deshalb lässt das direkte Betasten etwas nach. Der Versuch, Werkzeuge zu gebrauchen, nimmt zu.

Das Kind möchte malen und selber essen, sich kämmen, einen Wasserhahn öffnen und mit der Schaufel im Sand spielen oder das Kochen der Eltern mit Spielgeschirr imitieren.

Tipp

Ermöglichen Sie Ihrem Kind, seinen Tatendrang auszuleben. Ein Kochherd, dazu Puppengeschirr, einige Nüsse, Kastanien, Bohnen und Ähnliches bereiten Ihrem Kind jetzt viel Freude.

Leiten Sie Ihr Kind zum Spiel im Sandkasten an und spielen Sie mit. Akzeptieren Sie aber, dass sein Spiel noch überwiegend zweckfrei ist und geprägt von häufigen Wiederholungen. Das ständige Wiedereinfüllen des Sandes und Zerstören des Sandkuchens ist genau die richtige Aktivität. Durch wiederholende Übung im Umgang mit den Werkzeugen erlangt das Kind Sicherheit und feinmotorische Genauigkeit.

Ermöglichen Sie Ihrem Kind, vor allem an Schlechtwettertagen, seine ersten Malwerke anzufertigen.

Im zweckfreien Spiel mit häufigen Wiederholungen übt das Kind seine Geschicklichkeit.

2 – 2½ Jahre

Das Kind hat nun sein Gehen so weit automatisiert, dass es behutsam Dinge tragen kann. Bei Umfüllspielen mit Sand, Wasser oder Steinen, Bohnen oder Ähnlichem macht es wichtige Erfahrungen über das Volumen von Gefäßen und Materialien, Mengen und Gewichten und vielerlei andere Beobach-

---

Tipp

Lassen Sie Ihr Kind Becher, die mit Wasser gefüllt sind, durch den Garten tragen und die Blumen damit gießen. Eine gute Alltagsübung ist es auch, das Kind beim Tischdecken einzubeziehen und es sein Getränk von der Küche zum Essplatz tragen zu lassen. Für seine Koch- und Umfüllspiele können Sie Ihrem Kind Schüsseln mit unterschiedlichen Materialien wie Kieselsteinen, Kastanien oder Tannenzapfen anbieten. Dazu braucht es auch verschieden große Gefäße und Schäufelchen. So kann es nach Lust und Laune spielen und experimentieren, wenn einmal kein Sandkastenwetter ist. Schön ist es, in diesen Materialschüsseln ab und zu kleine „Schätze" wie Glitzersteine oder Murmeln zu verstecken, die das Kind suchen kann.

tungen, wie z. B. das Schüttverhalten der unterschiedlichen Materialien.

2½ – 3 Jahre

Die Bewegungen des Kindes werden präziser und schneller.

Koordination und Feindosierung des Kindes sind jetzt verhältnismäßig gut ausgeprägt. Seine Bewegungen werden behutsamer und präziser. Auch schnelle Bewegungen und das fließende Anpassen seiner Bewegung an eine Aufgabe gelingen immer besser. Damit erwirbt das Kind die notwendigen Voraussetzungen, um später Ballwerfen, Fangen und Kicken und viele andere Dinge, wie z. B. Inliner- und Skateboardfahren, zu lernen.

Das Kind baut recht präzise dreidimensional, z. B. einen Stall für seine Tiere oder eine Garage für die Autos. Dabei erfährt es über den Bewegungssinn beim Setzen der Klötze die unterschiedlichen Raumrichtungen. Dies ist eine wichtige Voraussetzung für das spätere räumlich-konstruktive Denken, das Kinder z. B. beim planvollen Einräumen ihres Regals oder ihres Schulranzens brauchen. Beim Bauen nach Plan oder dem Erstellen einer Werkarbeit nach Anleitung ist diese Funktion eine wichtige Voraussetzung.

Tipp

Spielen Sie mit Ihrem Kind Werf- und Fangspiele. Gut geeignet sind hierfür selbst genähte Materialsäckchen, die mit Bohnen, Linsen, Korken, Kastanien oder anderen Materialien gefüllt sind. Zielwerfen oder eine Kissenschlacht geben dem Kind eine Vielzahl von Informationen über die richtige Koordination von Auge und Hand, die nötige Kraftdosierung und das angepasste Tempo der Bewegung. Schön sind auch Wurf- und Zielspiele mit Steinen und Stöckchen, z. B. einen im Wasser schwimmenden Stock mit Steinen zu treffen.

---

3 – 3½ Jahre

Neben dem großen Spiel- und Betätigungsdrang des Kindes entwickelt sich jetzt das fantasievolle Spiel. Dabei erwirbt das Kind die Fähigkeit, je nach Gefühlslage Erlebtes und Wahrgenommenes nachzuspielen und umzugestalten. Durch zu stark

Mit viel Fantasie variiert das Kind sein Spiel.

Tipp

Unterstützen Sie Ihr Kind beim fantasievollen Spiel, und lassen Sie sich entführen in das Reich des Rollenspiels: „So tun als ob" oder „Jeden Tag Fasching". Über das Einüben von Funktionen im Spiel entsteht eine Vielzahl von Variationen, und das Kind lernt zudem, sich in verschiedene Rollen hineinzuversetzen.

---

festgelegtes Spielzeug, fantasielose Eltern und einen frühen Medienkonsum kommt es allerdings bei vielen Kindern zu einer Verkümmerung des fantasievollen Spiels. Das Kind beginnt nun auch, mit Schere, Klebstoff und anderen Materialien zu hantieren und zu basteln.

3½ – 4 Jahre

Im Kindergarten bekommt das Kind eine Vielzahl von Beschäftigungsangeboten.

Einige Kinder haben in diesem Alter noch nicht begonnen, sich feinmotorisch zu betätigen. Sie bewegen sich ausschließlich ganzkörperlich, sind viel draußen und finden präzise Betätigungen und ausdauerndes Spiel wenig interessant.

Natürlich sind Kinder unterschiedlich in ihren Neigungen und Begabungen. Wenn sie aber kaum feinmotorische Erfahrungen sammeln, können sie später Defizite entwickeln.

Während der gesamten Kindergartenzeit übt sich das Kind in einer Vielzahl von feinmotorischen Fertigkeiten, die über Bauen, Schneiden, Malen und Basteln zur späteren Schulreife führen.

Tipp
Unterstützen Sie Ihr Kind darin, sich feinmotorisch zu betätigen. Erkundigen Sie sich im Kindergarten, ob es dort die feinmotorischen Angebote wie Fingerspiele, Geschicklichkeitsspiele, Basteln und Malen mitmacht. Falls dies nicht der Fall ist, bitten Sie die Erzieherinnen, das Kind zu diesen Tätigkeiten zu motivieren und es bei Schwierigkeiten zu unterstützen.
Beobachten Sie Ihr Kind daraufhin, ob es unter Umständen bestimmte Dinge vermeidet, weil es sie nicht kann.

4 – 4½ Jahre

Das Kind kann jetzt seine Bewegungen fein dosieren. Es geht zunehmend geschickter mit einfachen Werkzeugen um und kann einen dicken Stift im Dreipunktgriff halten.

Der Werkzeuggebrauch nimmt zu.

Tipp

Beziehen Sie Ihr Kind bei Haushaltstätigkeiten ein. Lassen Sie es Obst und Gemüse schneiden, Petersilie mit der Kinderschere zerkleinern, und lassen Sie es beim Backen kleine Kinderkuchen oder Teigfiguren herstellen oder Ausstechkekse verzieren. Einen Anreiz zum Malen können Sie Ihrem Kind geben, indem Sie es „Geschenkpapiere" herstellen lassen: Malen mit Fingern, Pinseln oder Stiften, Drucken mit vorher gefärbten Herbstblättern oder Kartoffelstempeln sind einige Möglichkeiten. Wichtig ist es, dass Sie die Kinderbilder entsprechend schätzen und dies Ihrem Kind auch zeigen. Sie können die aktuellen Werke an einer Magnetleiste, die im Schreibwarenhandel erhältlich ist, aufhängen.

4½ – 5 Jahre

Ihr Kind lernt zunehmend geschickter mit Messer und Gabel zu essen. Exaktes Ausmalen und Ausschneiden wird möglich. Das geschickte Anfertigen von Werkarbeiten gelingt immer besser. Leider wird heutzutage jedoch in vielen Familien kaum noch gebastelt oder handwerklich gearbeitet. Dem Kind fehlen dadurch die feinmotorischen Erfahrungen beim gemeinsamen Tun sowie das Vorbild der Eltern, und es kann nicht mehr nachvollziehen, wie Endprodukte entstehen. (Leider wissen viele Kinder nur noch aus der „Sendung mit der Maus", dass die Milch aus der Tüte eigentlich von der Kuh stammt und dass Kühe nicht lila sind ...)

Werken fördert die Handgeschicklichkeit.

75

> **Tipp**
>
> *Geben Sie Ihrem Kind die Möglichkeit, seine Feinmotorik im Alltag zu üben: Sicher freut sich jede Oma mehr über eine selbst gebastelte Geburtstagskarte als über eine gekaufte. Entdecken Sie zusammen mit Ihrem Kind die Freude am kreativen Gestalten von jahreszeitlichen Wohnungsdekorationen, oder bedrucken Sie zusammen T-Shirts und Stofftaschen mit Stofffarbe. Animieren Sie Ihr Kind, eine Sammlung von ausgeschnittenen Motiven aus Illustrierten oder Katalogen in einem Heft anzulegen. Es übt sich dabei im Ausschneiden und dem Hantieren mit Kleber.*

5 – 5½ Jahre

Die Handlungsplanung entwickelt sich.

Der Umgang Ihres Kindes mit Werkzeug, Material und der entsprechenden Aufgabe wird immer präziser. Es entwickelt mehr Ausdauer und hat genaue Vorstellungen davon, was es tun möchte. Das bedeutet, dass seine Handlungen planvoller und zielgerichteter werden.

Es malt ausdauernd, schmückt seine Erlebnisbilder liebevoll aus und kann auch mit feinem Material, wie z. B. Seidenpapier, umgehen.

> **Tipp**
>
> *Sie können Ihr Kind jetzt unterstützen, indem Sie ihm eine schöne Auswahl von Bastelmaterialien und bunten Papieren zur Verfügung stellen. Auch Mandalas zum Ausmalen oder Fensterfarben sind sinnvolle Möglichkeiten, damit sich das Kind selbstständig beschäftigt und gleichzeitig seine Feinmotorik übt.*

5½ – 6 Jahre

Ihr Kind hat jetzt seine ganzkörperliche Koordination so weit entwickelt, dass es geschickt Bälle fangen und werfen kann. So kann es mit anderen Kindern zusammen verschiedene Ballspiele machen. Sein Gleichgewicht, seine Bewegungsrichtung, die Kraftdosierung und Reaktionsgeschwindigkeit sind weitgehend aufeinander abgestimmt. Jetzt kann es auch in einem Sportverein eine spezielle Sportart erlernen. Das Kind lernt nun, seine Schuhe zu binden. Es kann Geschicklichkeitsspiele wie Stapelturm, Mikado, Tippkick, Tischtennis, Federball mit kurzem Kinderschläger und Ballfangspiele gegen eine Hauswand spielen.

Das Kind lernt durch häufige, wiederholende Übung.

> **Tipp**
> *Gehen Sie mit Ihrem Kind hinaus, und spielen Sie dort gemeinsam Bewegungs- und Geschicklichkeitsspiele. Nehmen Sie befreundete Kinder mit, denn viele Spiele sind erst mit mehreren Personen möglich.*

Seine Hand- und Fingergeschicklichkeit ist jetzt so weit ausgereift, dass es ein Musikinstrument erlernen kann.

Gerade beim Federball- und Tischtennisspiel ist es anfangs wichtig, dem Kind gut zuzuspielen. Dies können gleichaltrige Kinder noch nicht. Spielen Sie deshalb mit ihm.

Unterstützen Sie Ihr Kind beim Erlernen der Schleife, indem Sie diese geduldig mit ihm üben.

Indem Sie Ihrem Kind das Schleifebinden abnehmen oder ihm Klettbandschuhe kaufen, verhindern Sie das Lernen durch übende Wiederholung, eines der wichtigsten Lernprinzipien beim Erwerb jeglicher motorischen Geschicklichkeit.

6 – 6½ Jahre

Ihr Kind lernt in der Schule schreiben. Nur wenn es die Grundlage dazu während seiner gesamten Kindheit erworben hat, wird ihm das Erfassen und die Wiedergabe der vielen Buchstaben- und Zahlenformen gelingen.

Um eingeschult zu werden, braucht das Kind eine gut entwickelte Feinmotorik.

Die Entscheidung, das Kind mit 6 oder 7 Jahren einzuschulen, sollte sehr sorgfältig unter Abwägung sämtlicher Faktoren, die zur Schulfähigkeit zählen, gefällt werden. Viele Kinder scheinen zwar vom Denken und Wissen her schulfähig zu sein oder sind recht sprachgewandt. Von ihren feinmotorischen Fähigkeiten her sind sie jedoch in ihrer Entwicklung verzögert. Für diese Kinder wird der Schreiblernprozess zu einer Tortur. Sie erleben sich als erfolglos, obwohl sie motiviert sind und sich viel Mühe geben. Dieses Gefühl kann den weiteren Schulweg negativ prägen, und den Kindern vergeht die anfängliche Lust am Lernen. Deshalb ist dringend von einer zu frühen Einschulung abzuraten, wenn das Kind die erforderlichen Grundvoraussetzungen im Bereich der Feinmotorik noch nicht hat. Die Zeit einer teilweise erforderlichen Zurückstellung sollte dann intensiv genutzt werden, um das Kind zu Hause, in einer Vorschuleinrichtung oder mit Hilfe einer ergotherapeutischen Behandlung gezielt zu fördern.

Tipp

Beobachten Sie Ihr Kind genau und stellen Sie fest, ob seine feinmotorische Entwicklung dem Entwicklungsstand seiner durchschnittlichen Altersstufe entspricht. Wenn dies nicht der Fall ist, denken Sie über eine Rückstellung vom Schulbesuch nach. Treffen Sie geeignete Maßnahmen, vorhandene Entwicklungsrückstände selbst oder mit Hilfe gezielter Übungsangebote durch Fachleute aufzuholen.

6½ – 7 Jahre

Das Kind muss nun in der Schule viele unterschiedliche geistige, sprachliche und soziale Aufgaben bewältigen.

Außerdem stellt das Schreibenlernen hohe Anforderungen an seine Feinmotorik. Dazu braucht es eine stabile Stifthaltung, eine sichere Formerfassung und -wiedergabe und Sicherheit in der Lese-Schreibrichtung.

Dem Kind gelingen die Grundmuster der Schrift.

Es muss die Grundmuster der Schrift können, sowie Buchstaben und Zahlen in einer vorgegebenen Größe schreiben. Mit Schrägen und Überkreuzungen sollte es keine Probleme mehr haben und in der Lage sein, ohne Druck seine Aufgaben in einer angemessenen Zeit zu erledigen. Es braucht zudem eine gewisse Bereitschaft und Lust, sich auf fein- und grafomotorische Aufgaben einzulassen und Schwierigkeiten zu bewältigen. Das Tempo der ersten Klasse ist im Durchschnitt sehr hoch. Die meisten Lehrer gehen davon aus, dass die Grundfunktionen beim Schuleintritt vorhanden sind und nicht erst geübt werden müssen.

Welche Fähigkeiten Ihr Kind beim Schuleintritt haben muss und welches die Grundfunktionen sind, wird im Kapitel „Die Schulfähigkeit" (siehe Seite 104ff.) detailliert beschrieben.

Tipp
Stellen Sie einen engen Kontakt mit den Lehrer/innen Ihres Kindes her. Fragen Sie nach eventuellen Problemen, und besprechen Sie frühzeitig, wie Sie Ihr Kind unterstützen können.

Rechts- oder Linkshänder?

Ob ein Kind links oder rechts schreibt, hängt von bestimmten Hirnfunktionen ab und ist auch erblich bedingt. Keinesfalls sollte ein Kind auf die rechte Hand „umerzogen" werden. Allerdings gilt es beim linkshändigen Schreiben einige Besonderheiten zu beachten.

Die Händigkeit des Kindes

Die Händigkeit des Kindes ist erblich bedingt.

Ob ein Kind Rechts- oder Linkshänder ist, ist bereits bei der Geburt durch die unterschiedlich differenzierte Ausprägung der Hirnhälften festgelegt. Dies wiederum ist erblich bedingt, und meist gibt es in Familien mit linkshändigen Kindern bei genauer Überprüfung auch linkshändige Eltern oder Großeltern. Ob das Kind die Händigkeit allerdings gemäß seiner Hirnanlage ausbilden kann, hängt von weiteren Faktoren ab:

Unsere Gesellschaft ist stark rechtshändig geprägt. Wir geben uns rechts die Hand, viele Maschinen haben rechts ihren Notschalter und geschrieben wird von links nach rechts. Der rechts schreibende Mensch zieht den Stift, während der links schreibende ihn schiebt oder drückt und mit der Hand nachrücken muss.

Aus Unkenntnis und in der falschen Annahme, etwas „Rechtes" zu tun, wird von einzelnen Personen, gesellschaftlichen Gruppen oder Kulturkreisen das linkshändige Kind teilweise angehalten, seine rechte Hand zu benutzen. In der Regel wird es inzwischen gesellschaftlich immer mehr akzeptiert, wenn ein Kind für seine feinmotorisch differenzierten und spontanen Tätigkeiten die linke Hand benutzt. Leider verlangen aber immer noch viele uninformierte Erwachsene, dass linkshändige Kinder wenigstens rechts schreiben lernen sollen. Dabei wird nicht berücksichtigt, dass die Händigkeit den bevorzugten Verarbeitungsprozess der gegenüberliegenden Großhirnhälfte darstellt.

Keine Umerziehung!

Durch eine Umerziehung, auch wenn sie „lediglich" den Schreibprozess betrifft, kann die Verarbeitung von verschiedenen Sinnesinformationen und deren Wiedergabe erheblich gestört werden. Oft sind feinmotorische Auffälligkeiten und

Konzentrationsschwierigkeiten die Folge oder die Kinder haben Probleme in der Erkennung und Wiedergabe der richtigen Raumlage.

Die Umerziehung der Händigkeit kann zu verschiedenen Störungen führen.

Dies kann zur Verdrehung von Zahlen und Buchstaben, wie z. B. 6 und 9 oder b, d, p und q, führen. Ein weiteres Problem kann bei den so genannten serialen Leistungen auftreten. Das heißt, es kann zu Schwierigkeiten im Erkennen von Reihenfolgen, z. B. bei Buchstaben im Wort, Wörtern im Satz und Zahlenfolgen, kommen und ganz allgemein bei der Umsetzung von Handlungsfolgen und Regeln. Solche Kinder können sich z. B. nicht merken, wer bei einem Kreisspiel als Nächstes drankommt.

Umgeschulte Linkshänder stehen ihr Leben lang unter Stress, auch wenn manche von ihnen es schaffen, die Folgen der Umschulung viele Jahre lang zu kompensieren.

Häufig treten auch Auffälligkeiten in Form von Minderwertigkeitsgefühlen, Verhaltensstörungen oder anderen seelischen Problemen auf. Sprachstörungen wie Stammeln und Stottern sind ebenfalls möglich.

Die Herausbildung der Händigkeit

Als Voraussetzungen für gut koordinierte Bewegung, Sprache und Lernen im Allgemeinen müssen beide Großhirnhälften über den so genannten Balken gut miteinander kooperieren können. Säuglinge benutzen beide Körperseiten gleichmäßig, d. h. keines der Händchen wird bevorzugt. Erst allmählich und durch eigenes Hantieren und Probieren macht das Kind die Erfahrung, dass es mit einer Hand geschickter geht. Diese Erfahrung beginnt mit etwa 18 Monaten und wird täglich überprüft und erweitert. Im 4. oder spätestens im 5. Lebensjahr sollte die Ausbildung der Handdominanz festgelegt sein. Wenn dies nicht der Fall ist, ergeben sich häufig Entwicklungsrückstände im Bereich der Feinmotorik.

Wenn Kinder zu lange beide Hände gleichberechtigt einsetzen, wird keine ausreichend geschult.

Solche Kinder haben keine sichere Arbeits- und Haltehand. Das bedeutet, dass keine der beiden Hände in Geschicklichkeit, Beweglichkeit und Feindosierung differenziert geübt werden kann. Oft probieren solche Kinder noch im Vorschulalter, mit welcher Hand eine neue Aufgabe durchgeführt werden könnte, obwohl diese Entwicklungsphase bereits in der ersten Kindergartenphase abgeschlossen sein sollte.

Wenn Ihr Kind mit 4 – 5 Jahren immer noch häufig die Hand bei den verschiedenen Tätigkeiten wechselt, sollten Sie Ihren Kinderarzt darauf aufmerksam machen. Wahrscheinlich sind dann die Feinmotorik- und Malentwicklung ebenfalls nicht altersgemäß. In diesem Fall sollte Ihr Kind in einer ergotherapeutischen Praxis, die sich in diesem Fachgebiet spezialisiert hat, noch vor der Einschulung therapeutisch betreut werden. Dort kann durch genaue Beobachtungen die richtige Händigkeit herausgefunden werden, und das Kind wird in der Ausprägung seiner Händigkeit unterstützt.

Der Linkshänder

Wenn Ihr Kind Linkshänder ist, sollten Sie es in seiner Händigkeitsentwicklung unterstützen und keinesfalls umerziehen. Je selbstsicherer es ist, umso selbstbewusster wird es sich in seiner eher rechtshändigen Umwelt durchsetzen können.

Inzwischen gibt es auch eine Vielzahl von Alltagshilfen für Linkshänder, wie spezielle Scheren, Spitzer, Fühler und sogar Spiralhefte mit der Spirale auf der rechten Seite im Schreibwarenladen zu kaufen. Weitere Alltagshilfen gibt es über spezielle Versandhandel (Adressen finden Sie im Anhang).

Das richtige linkshändige Schreiben sollte dem Kind möglichst früh gezeigt werden. Da das Kind den Stift beim Schreiben schiebt, was schwieriger ist als das Ziehen für den Rechtshänder, ist ein dicker, weicher Stift besonders günstig. Bei langen Worten muss das Kind lernen, abzusetzen und mit der Hand nachzurutschen. Wenn es dies nicht tut, müssen die Finger mehr und mehr gestreckt werden, und das Kind verkrampft sich zusehends. Daher eignet sich für linksschreibende Kinder die so genannte „vereinfachte Ausgangsschrift" besonders gut. Sie hat in ihrem Bewegungsablauf mehr Unterbrechungen.

Das richtige linkshändige Schreiben muss dem Kind beigebracht werden.

Allerdings bleibt es den einzelnen Schulen und Lehrer/innen überlassen, welche Schrift sie für ihre Erstklässler auswählen.

Nehmen Sie Einfluss auf diese Entscheidung. Sprechen Sie mit der Schulleitung und den Kooperationslehrer/innen. Diese stellen den Kontakt zwischen Kindergarten und Schule her.

Der Kontakt von Eltern, Kindergarten und Schule ist sehr wichtig.

Leider wird in den wenigsten Schularbeitsheften Rücksicht auf linksschreibende Kinder genommen: Das abzuschreibende Wort steht meist links und wird dadurch von der Schreibhand verdeckt. So muss das Kind das Wort auswendig schreiben und dadurch eine wesentlich höhere Gedächtnisleistung erbringen als ein Rechtshänder. Schreiben Sie daher das zu erlernende Wort zusätzlich an eine sichtbare Stelle. Bitten Sie auch den/die Lehrer/in Ihres Kindes, dies zu tun.

Tipps zum linkshändigen Schreiben:
- Die Blatthaltung sollte um mindestens 30° nach rechts geneigt sein. Als Orientierungshilfe eignet sich die im Ludwig Auer Verlag erhältliche Schreibunterlage von Frau Dr. Barbara Sattler.

- Das Blatt liegt dabei links von der Mittelachse des Kindes.
- Die Schreibhand darf im Handgelenk nicht abgeknickt werden. Sie sollte sich wie beim Rechtshänder unterhalb der Schreiblinie befinden, damit die Schrift beim späteren Schreiben mit dem Füller nicht verwischt. Wenn das Kind mit dieser Blattneigung und Handstellung immer noch über seine Schrift wischt, hilft es, das Blatt nach und nach über 30° hinaus nach rechts zu drehen.
- Der Lichteinfall sollte von rechts kommen.
- Das linkshändige Kind muss links neben einem Rechtshänder sitzen, damit sich die Kinder mit dem Ellbogen nicht gegenseitig behindern.

Ob Ihr Kind links sticken, häkeln und stricken lernen soll bzw. ein Musikinstrument spielen soll, das für Linkshänder gebaut ist, sollten Sie mit dem/der jeweiligen Lehrer/in gemeinsam überlegen.

Die Malentwicklung des Kindes von 0 – 7 Jahren

Sobald das kleine Kind einen Stift halten kann, beginnt es mit den ersten Kritzeleien. Daraus entwickelt sich im Laufe der Jahre eine immer feinere Maltechnik. Doch nicht nur für die Entwicklung der feinmotorischen Fertigkeiten ist das Malen von großer Bedeutung, sondern auch als Ausdruck des inneren Erlebens des Kindes.

Malen ist wichtig!

Über das Malen bringen Kinder zum Ausdruck, wie sie sich fühlen, was sie wahrnehmen und erleben. Sie verarbeiten im Bild Eindrücke und teilen unbewusst Wünsche, Konflikte und Ängste mit. Deshalb ist das Malen so wichtig, und Kinder sollten jederzeit Papier und Stifte zur Verfügung haben, um sich ausdrücken zu können.

Auf das richtige Material kommt es ebenso an wie auf die Förderung durch die Umgebung.

Dabei ist es wichtig, Kindern eher weniger Farben anzubieten, dafür aber qualitativ gute und dicke Buntstifte, die nicht so schnell abbrechen. Auch Wachsstifte sind geeignet. Die Hand des Kindes verkrampft sich beim Gebrauch von dünnen Stiften. Deshalb sollten bis zum Ende der zweiten Klasse dünne Stifte höchstens als Ergänzung zum Malen von kleinen Details, wie z. B. Augen, angeboten werden.

Wie viel ein Kind malt, hängt von seiner Neigung ab und auch davon, wie es zu Hause diesbezüglich gefördert wird: Greifen die Eltern auch zum Stift, um zu malen oder Briefe zu schreiben? Gibt es ältere Geschwister, die durch Hausaufgaben oder Malen Vorbild sind?

Schön ist es, wenn Sie die Bilder Ihres Kindes so wichtig nehmen, dass sie mit Datum versehen eine Zeit lang an einer Magnetleiste aufgehängt werden, die im Schreibwarenladen erhältlich ist. Danach sollten sie in einem Ordner gesammelt werden.

Die altersgemäße Entwicklung des Malens

1½ – 2 Jahre

Mit ca. 1½ bis 2 Jahren entdeckt jedes Kind, dass ein Stift sichtbare Spuren hinterlassen kann – im besten Fall auf einem Blatt Papier. Dass es nur dort malen darf, muss es erst lernen.

1½ – 2 Jahre

2 – 3 Jahre

Mit recht dynamischen Pendel- und Kreisbewegungen aus dem ganzen Arm heraus, teilweise kraftvollen Hackbewegungen, die Punkte oder Löcher hinterlassen, entsteht eine sichtbare Bewegungsspur. So setzt das Kind seine kraftvollen Bewegungen in etwas Sichtbares um. Mit zunehmender Bewegungserfahrung lernt das Kind, seine Dynamik mehr und mehr zu bremsen und zu steuern, und es entstehen Striche und grobe Zickzackformen.

Je mehr es seine Bewegungen aus der Hand heraus kontrollieren kann, umso differenzierter werden die Formen, und es entstehen kleine Flächen und Spiralen. Aus der Spirale heraus versucht das Kind dann Kreise zu malen, die meist gegen Ende des 2. Lebensjahres geschlossen werden können. Die gemalte runde Form steht lange Zeit für die Gesamtheit aller Dinge. Das Kind malt noch nicht gegenständlich aus seiner Vorstellungskraft. Unter Umständen benennt es die Formen anschließend. Diese Bezeichnungen können aber noch schnell wechseln. So wird ein Ball z. B. zu einem Baum, wenn das Kind zu einem späteren Zeitpunkt noch einmal gefragt wird, was es gemalt hat. Vor allem Kinder mit älteren Geschwistern benennen ihre Formen früh, da sie von ihnen dazu angeregt werden.

2 – 3 Jahre

Bisher hält das Kind den Stift mit der Faust, wechselt aber immer wieder in eine feinere Stifthaltung mit den Fingern. Es probiert auch noch aus, mit welcher Hand und in welcher Haltung die Strichführung am besten gelingt. Mehr und mehr wird der Stift allerdings mit der geschickteren Hand geführt, d. h. die Bevorzugung einer Hand wird erkennbar.

Mit 3 – 4 Jahren ist das Kind so geübt, dass es isolierte Striche, senkrecht und waagerecht, malen kann. Es entstehen Kreuze und als weitere geometrische Form Vierecke.

3 – 4 Jahre

Aus der Kombination von Kreisen und Strichen entsteht um das 4. Lebensjahr der erste Kopf- oder Gliederfüßler. Die-

3 – 4 Jahre

ser kann von Kind zu Kind und von Bild zu Bild stark variieren. Wenn das Kind Arme malt, werden sie meist im rechten Winkel und teilweise am Kopf angesetzt. Spürt das Kind durch seine Körperwahrnehmung, dass Arm und Finger isoliert bewegt werden können, malt es die Finger in unterschiedlicher Anzahl an den Arm, meist auch im rechten Winkel.

Bis zur Schulreife malt das Kind mit einem Männchen unbewusst sich selbst, auch wenn es die menschliche Figur anders benennt. In seiner Darstellung können Sie sehen, wie es sich selbst wahrnimmt. Dies wird als Körperbild bezeichnet. Da das Körperbild beim kleinen Kind noch nicht sicher ist, malt es mitunter auf einem Bild Details, wie Ohren, Haare und Finger, die auf einem anderen Bild wieder fehlen können.

Mit ca. 4 – 4½ Jahren verteilt das Kind bekannte Dinge seiner Umgebung oft noch auf dem ganzen Blatt. Bei vielen Kin-

4 – 5 Jahre

92

dern gibt es auf ihren Bildern noch keinen klaren Bildaufbau von oben und unten, andere wiederum gliedern ihre Bilder bereits räumlich. Beim Ausmalen kann das Kind seine Stift-

4 – 5 Jahre

5 Jahre

führung jetzt schon so gut steuern und bremsen, dass es
Flächen recht gut ausmalt.

*Die Voraussetzung für ein differenziertes Malen ist eine gut
integrierte Körper- und Raumerfahrung über den ganzen
Körper. Spätestens im Vorschulalter ist es wichtig, dass
Kinder häufig malen. Sie üben damit ihre Grafomotorik. Ein
Kind, das bis zum Schuleintritt gelernt hat, flächendeckend
und in der Begrenzung bleibend auszumalen, und die Grundformen sowie die Grundmuster der Schrift in alle Raumrichtungen in seinen Bildern anwendet, wird voraussichtlich
keine Schwierigkeiten im Schreiblernprozess bekommen.*

Zwischen 4 und 5 Jahren malt das Kind die ersten Schrägen. Diese braucht das Kind, um Hausdächer malen zu können. Wenn es immer nur Hochhäuser oder Iglus malt, ist davon auszugehen, dass es keine sichere Richtungs- und Raumvorstellung der Schrägen hat und diese nicht wiedergeben kann.

Mehr und mehr ist jetzt auch ein räumlicher Aufbau in den Bildern zu erkennen. Menschen, Häuser und Tiere sind am unteren Blattrand angeordnet, während das Kind oben einen Himmel oder eine Sonne malt.

Die so genannten Standlinienbilder, auf denen sich unten der Boden, oben der Himmel und dazwischen die Luft befindet, malt das Kind mit ca. 5 Jahren.

Die Bilder werden immer differenzierter und detaillierter. Die Feinsteuerung der Hand und der Finger sollte nun so gut

Tipp

Wenn Ihr Kind ungern oder gar nicht malt, versuchen Sie es über verschiedene Werktechniken an das Arbeiten mit Papier und Farben heranzuführen. Dabei ist es wichtig, vorerst nicht mit dem Stift und auch nicht gegenständlich zu arbeiten. Beginnen Sie z. B. mit Fingerfarben, Kleister oder Rasierschaum. Machen Sie aquarellartige Nass-in-Nass-Bilder mit Wasserfarben, die immer gut gelingen. Meist sind es die Jungen, die weniger gern basteln und malen. Aber auch sie sollten diese feinmotorischen Erfahrungen gemacht haben, bevor sie in die Schule kommen. Sie sollten sich in Ihrem Wochenablauf einen festen Termin dafür einplanen. Wenn Ihr Kind sich von Ihnen nicht motivieren lässt, sprechen Sie im Kindergarten mit den Erzieherinnen und Ihrem/er Kinderarzt/in, und ziehen Sie eine ergotherapeutische Behandlung in Erwägung.

sein, dass Ihr Kind Schmuckelemente wie Formen und Farbmuster malen kann, sowie kleine Details wie Haarspangen, Schuhbänder und Türschilder. Dabei sind meist die Bilder der Mädchen farbenprächtiger und mit mehr Details ausgeschmückt als die der Jungen.

Das Vorschulkind kann nun seinen Namen in Druckbuchstaben abschreiben.

5 – 6 Jahre

Zwischen 5 und 6 Jahren möchte das Kind verstärkt Situationen und Erlebnisse aus seinem Leben darstellen. Es malt z. B. den Zoo- oder Zirkusbesuch, den letzten Kindergeburtstag oder ein Silvesterbild. Unter Umständen sind auf diesen Erlebnisbildern die Details nicht so ausführlich dargestellt, da dem Kind die Erlebnisdarstellung wichtiger war.

In diesem Alter taucht das Problem der Dreidimensionalität auf, und das Kind probiert in seinen Bildern, eine Lösung

5 – 6 Jahre

zu finden. Entgegen dem Wissen, dass ein Gesicht nur eine Nase hat, malt das Kind z. B. an das frontal dargestellte Gesicht seitlich noch eine Nase. Teilweise werden Gärten mit Wegen von oben gemalt und das dazugehörige Haus von vorne. Ab und zu malen die Kinder auch so genannte Röntgenbilder. Dabei werden einzelne Personen oder Dinge von innen gemalt, andere von außen. Dies ist eine sehr sensible Phase in der Malentwicklung.

Tipp

Kritisieren Sie Ihr Kind nicht, sondern versuchen Sie gemeinsam Lösungen für seine Fragen beim Malen zu finden. Wie bei allem anderen, sind Sie als Eltern ein Vorbild. Malen Sie mit Ihrem Kind zusammen, auch wenn Sie glauben, nicht malen zu können. Nehmen Sie es als Chance, sich selbst ein wenig im Malen zu üben! Dabei sollten Sie auf dem Bild Ihres Kindes nicht korrigierend eingreifen. Ermuntern Sie es, sein eigenes Bild zu malen.

Vom 6. – 7. Lebensjahr verfeinert sich die Malfähigkeit immer weiter. Bedingt durch das Schreibenlernen in der Schule, steigern sich die Grafomotorik sowie die Fähigkeit, Formen exakt wiederzugeben.

6 – 7 Jahre

In diesem Alter lassen sich Kinder durch Comic-Darstellungen in Heftchen, Büchern und im Fernsehen stark beeinflussen. Deshalb – und weil sie mit ihren eigenen Bildern nicht mehr zufrieden sind – malen viele Schulkinder teilweise nur noch comicartige Figuren.

Diese Comiczeichnungen sind kein Ausdruck ihrer eigentlichen Empfindung mehr und entsprechen nicht dem kindlichen Darstellungsvermögen.

Hinzu kommt, dass in der Schule das freie, kreative Malen sehr wenig Raum findet. Wenn an dieser Stelle kein weiteres Angebot für das Kind besteht, kommt es häufig zum Abbruch einer weiteren Malentwicklung.

Tipp
Nehmen Sie sich ab und zu Zeit, mit Ihrem Kind eine schöne Malaktion durchzuführen. Achten Sie darauf, dass Ihrem Kind jederzeit ein vielfältiges Materialangebot zur Verfügung steht und es Platz zum Malen hat.

Die Schulfähigkeit

Die Basis für die spätere Schulfähigkeit wird schon beim Baby gelegt und bildet sich in den Kindheitsjahren durch eine förderliche Umgebung immer weiter aus.

Voraussetzungen für die spätere Schulfähigkeit

Die Grundlage dafür, dass ein Kind seine Umwelt „be-greifend" erfahren kann, ist die frühe Anregung seiner gesamten Sinnessysteme. Ein Baby macht schon im Mutterleib erste Sinneserfahrungen. Damit bekommt es die Grundlage für die Weiterentwicklung seines Gehirns. Neue Erfahrungen werden an bekannte angeknüpft. Wenn die Mutter sich bewegt, erfährt das Kind „Bewegt-Werden", und der Bewegungssinn, Gleichgewichtssinn und Tastsinn werden angeregt. Wenn sie spricht, hört das Kind ihre Stimme und lernt sie schon früh von anderen zu unterscheiden. Wenn es vom süßlichen Fruchtwasser trinkt, wird sein Geschmackssinn angeregt, und sogar helles Sonnenlicht kann das Kind im Bauch wahrnehmen.

Die Babymassage

Die Babymassage stimuliert lustvoll den Tast- und Bewegungssinn.

Bei einer natürlichen Geburt werden der Tast- und Bewegungssinn massiv stimuliert. Eine schöne Möglichkeit, den Säugling umfassend anzuregen und eine intensive Beziehung zu ihm aufzubauen, bietet neben der spielerischen Körperpflege die Babymassage. Mit ihr kann das Kind schon wenige Tage nach der Geburt verwöhnt werden. Es ist wichtig, dass der Säugling mit reinen pflanzlichen Ölen massiert wird, da nur sie von der Haut vollständig aufgenommen werden können. Bei der Massage wird sanft und langsam mit der ganzen Handfläche über den Babykörper gestrichen. Eine perfekte Massagetechnik ist dabei weniger wichtig. Ein Säugling fühlt sich wohl, wenn Sie ihn sanft streicheln und massieren, ihn hochnehmen, herumtragen, ihn knuddeln, Kontakt mit ihm aufnehmen, mit ihm reden, singen und lachen. Schon jetzt können Sie ein immer wiederkehrendes Ritual aus der Massage machen. Schon nach wenigen Malen erkennt der Säugling die angenehme Massage und freut sich darüber.

Rituale geben Sicherheit

Dieses Wiedererkennen bekannter Handlungsfolgen in Ritualen und sich wiederholenden Rhythmen ist ein wichtiger Punkt, der sich wie ein roter Faden durch die Kindheit und das Leben ziehen sollte. Lebensabläufe und Handlungen werden für das Kind damit abschätzbar, überschaubar, plan- und berechenbar. Es fühlt sich in einer ihm bekannten und vertrauten Welt sicher und geborgen und vermag aus dieser sicheren Lebensumgebung heraus fantasievoll zu handeln.

Rituale geben dem Kind Struktur und Sicherheit für das ganze Leben.

Vielfältige Materialerfahrungen

Um variabel handeln zu können, braucht der Säugling ein Materialangebot, das verschiedene Erfahrungen ermöglicht. Hier ist nicht das schrille, von der taktilen Erfahrung her völlig gleichförmige Plastikspielzeug interessant. Vielmehr können ihm Dinge aus dem Alltag als Erfahrungsschatz angeboten werden.

Dabei ist wichtig, dass es die Dinge in den Mund nehmen darf und sie über die Sinne – tasten, schmecken, sehen, riechen und hören – erfährt. Die Materialien sollten verschiedene Qualitäten haben, wie z. B. hart oder weich, schwer oder leicht. So können Sie dem Baby ein geknotetes Tuch anbieten, ein wohlgeformtes Stück Holz, aufgefädelte Knöpfe, ein Stückchen Babyfell, unbedrucktes Papier oder eine Pappröhre. Der Säugling braucht noch nicht viel, und wenn das Kind Interessantes in seiner Umgebung erblickt, will es den begehrten Gegenstand haben. Dadurch ist der Anreiz zur Fortbewegung gelegt. Das Kind versucht ab ca. 6 Monaten durch Rollen, Robben und Krabbeln täglich gewandter zu den begehrten Gegenständen hin zu kommen, bis es irgendwann aufsteht und darauf zuläuft. Für eine Zeit lang steht jetzt die Freude an der Bewegung, d. h. die unterschiedliche Bewegungserfahrung, im Vordergrund. Das Kind sollte jetzt möglichst gefahrenfrei seine Mobilität erleben dürfen. Das heißt, Stehlampen und kippende Möbel müssen aus dem Zimmer geräumt und Stufen unter Umständen gesichert werden.

Sinnvolle Spielsachen

Spielsachen sollten so gewählt werden, dass sie vielseitiges, fantasievolles Spielen ermöglichen.

Frühestens ab ca. dem ersten Lebensjahr braucht das Kind gegenständliche Spielzeuge, wie z. B. Autos, Tiere oder Klötze. Bei der Auswahl sollten Sie darauf achten, dass das Spielgerät vielseitig und variabel ist. Es ist auch sinnvoller, eine Erweiterung für vorhandene Spielsysteme auszuwählen, als mehrere unterschiedliche anzubieten. Wenn Sie Ihr Spielfigurensortiment erweitern, achten Sie darauf, dass eine stehende Spielfigur mehr Spielvarianten bietet als eine liegende.

Aus verschiedenen bunten Tüchern können im Kinderzimmer viele schöne Spielsituationen gestaltet werden, z. B. Höhlen, Häuser, Kaufläden oder Puppenbetten.

Das Spiel bleibt interessanter, wenn einzelne Gegenstände immer wieder weggeräumt werden. So ist es völlig normal, dass es für Kinder immer nur tage- oder wochenweise interessant ist, z. B. mit dem Kaufladen, Puppenhaus oder Kasperltheater zu spielen.

Einmal in Bewegung – immer in Bewegung

Kinder müssen sich bewegen.

Kinder bewegen sich viel und gern. Kaum aufgewacht, wollen sie aufstehen. Stillsitzen am Tisch wird von den Erwachsenen oft gefordert, entspricht aber nicht dem normalen kindlichen Bedürfnis nach Bewegung. Ebenso wird ruhiges, konzentriertes Spiel von den Erwachsenen oft erwartet, passt aber selten in das kindliche Spielgeschehen. Ein gesundes Kind steht auf, kniet sich hin, krabbelt, auch wenn es schon längst laufen kann, rennt einer plötzlichen Idee folgend los, um sich etwas zu holen, kriecht unter das Sofa, klettert darauf und hüpft wieder herunter. Rennt an den Maltisch, versenkt sich in eine

Zeichnung, flitzt nach draußen und entdeckt die Welt. Meist sind Kinder beschäftigt, Langeweile wird von den älteren Kindern und Erwachsenen erst „erfunden".

Für die kleineren Kinder, teilweise bis ins Schulalter hinein, ist das Tun und das Mitmachen, das heißt auch das Nachahmen und Helfen, das Wichtigste. Hier stehen die Material- und Werkzeugerfahrung und die Handlung an sich im Vordergrund, nicht das fertige Produkt. Leider wird dies oft von Eltern und Erzieher/innen verkannt. So sollen die Bastel- und Werkergebnisse vorzeigbar und erkennbar sein und werden leider noch häufig normiert und vorgegeben. Dabei ist es für Kinder viel wichtiger, vielfältige Erfahrungen und Erkenntnisse auf dem Weg des Entstehens von Gegenständen oder Bildern zu gewinnen.

„Selber machen"

Im eigenen Tun sammeln Kinder eine Vielzahl von bleibenden Erfahrungen, aus denen sie weitere Rückschlüsse ziehen können. So entwickelt sich ihre Handlungsplanung und ihre Fähigkeit, zu denken.

Aus eigenen Erfahrungen entwickelt sich die Handlungsplanung.

Der Wechsel von Bewegung, Spielhandlung und Ruhephasen ist wichtig. Das heißt, das Kind braucht möglichst vielseitige und ausdauernde Bewegung draußen und die Möglichkeit zum fantasievollen Spiel mit variablen Spielmaterialien, wie z. B. Bretter, Steine, Klötze, Spieltiere oder Fahrzeuge. Erst dann kann es in der Gruppe ein Fingerspiel machen, einer Geschichte lauschen, einem Puppenspiel zusehen, ein Bild malen, etwas basteln oder bei anfallenden Arbeiten helfen. Die Abwechslung von eigenem, freien Spiel hin zu einem gelenkten Angebot, von der Bewegung in die Ruhe, vom Lauten zum Leisen, vom Groben zum Feinen, erst dies macht die unterschiedlichen Qualitäten für das Kind spürbar, erlebbar und damit nachvollziehbar.

> *Kinder lernen in ihrer selbst gestalteten Spielzeit! Dabei werden sie durch das Angebot, das ihnen in Elternhaus, Spielgruppe oder Kindergarten gemacht wird, stark geprägt.*

Damit das Kind einem Tages- und Wochenablauf folgen kann, sollten Sie ihm Veränderungen überschaubar ankündigen, z. B.: „Nach dem Essen gehen wir einkaufen", oder: „Noch dreimal schlafen, dann fahren wir zur Oma."

Schulreif mit 6 oder 7 Jahren?

Diese Frage beschäftigt viele Eltern spätestens im Frühjahr, wenn die Kinder in der Schule angemeldet werden müssen. Für ihre Entscheidungsfindung müssen die Eltern folgende Überlegungen anstellen:

- Soll mein Kind zurückgestellt werden und bleibt es noch ein weiteres Jahr im Kindergarten?
- Oder soll es eine Grundschulförderklasse, Vorschule oder eine andere Schuleingangsstufe besuchen?
- Ist es schulreif und kann eingeschult werden? Wenn ja, in welche Schule?

Schulpflichtig sind in allen Bundesländern Kinder, die bis zum 30. Juni ihren 6. Geburtstag gefeiert haben.

Da Kinder sich aber in unterschiedlichem Tempo entwickeln, gibt es in jeder Jahrgangsstufe Kinder, die in ihrer Entwicklung allgemein oder in Teilbereichen verzögert sind.

Für sie gilt es, eine passende Lösung zu finden. In der Regel ist es für die „langsamen" Kinder besser, wenn sie noch ein

Jahr Zeit bekommen, um ihre Defizite aufzuholen und in ihrer Entwicklung nachzureifen.

Die Entscheidung: Schule ja oder nein, ist umso einfacher, je klarer sie beantwortet werden kann. Schwierig ist es, wenn ein Kind in einigen Teilbereichen schulreif ist, in anderen nicht. Hier gilt es, die einzelnen Kriterien der Schulfähigkeit gut zu überdenken und zu prüfen, ob das Kind den entsprechenden Anforderungen gerecht werden kann. Sprechen Sie mit den Erzieherinnen und anderen Betreuungspersonen über Ihre Überlegungen. Orientieren Sie sich dabei an den im Folgenden beschriebenen Kriterien zur Schulreife. Zu beachten ist dabei, dass diese Kriterien nur im Zusammenspiel zur Schulreife führen. Ist ein Bereich stark ausgeprägt, ein anderer dagegen sehr schwach, so sollte sich die Gesamtbeurteilung nach dem schwachen Bereich richten.

Körperliche Voraussetzungen

Grobmotorische Fähigkeiten

Ein Schulkind sollte bereits viele Bewegungserfahrungen gemacht haben, um seinen Körper angepasst, gewandt, gezielt, reaktionsschnell, gut koordiniert, dissoziiert und wohldosiert bewegen zu können. Gelingt dies variationsreich und sicher in seinen ganzkörperlichen Bewegungen, so ist dies meist auf den Bereich der Feinmotorik und der Handgeschicklichkeit übertragbar. Das Kind kennt nun seinen Körper und kann seine Fähigkeiten einschätzen.

Gut koordinierte ganzkörperliche Bewegungen sind die Grundlage einer guten Handgeschicklichkeit.

Das Gleichgewicht des Kindes sollte so stabil sein, dass es mindestens 5 Meter auf einem Bein hüpfen kann. Seine Kondition sollte so gut sein, dass es 2 – 3 Kilometer weit gehen kann, und es sollte so reaktionsschnell sein, dass es einen zugeworfenen Ball aus verschiedenen Richtungen auffangen kann.

Wichtig ist, dass das Kind gesund und körperlich stabil ist. Wenn es oft krank war, hat es viele Lebenserfahrungen nicht machen können und ist in seiner Entwicklung verzögert. Dabei ist es unwichtig, ob es groß oder eher klein ist.

Feinmotorische Fähigkeiten

Feinmotorik, Handgeschicklichkeit und Grafomotorik sind ein weiterer großer Komplex, der von der Grobmotorik nicht isoliert gesehen werden kann. Eine Grundvoraussetzung dazu ist, dass Ihr Kind gut sieht oder ihm eine Brille angepasst wurde.

Die Schulreife setzt gute Handgeschicklichkeit und eine sichere Vorstellung von Raumrichtungen voraus.

Ein Kind, das seine Knöpfe öffnen und schließen, seinen Anorakreißverschluss einhängen und seine Schuhe binden kann, hat eine gute Feinmotorik. Seine Augen schauen, was die Hände tun, und beide Hände arbeiten zusammen. Es hat eine klare Vorstellung von Raumrichtungen und wird die Formen und Zahlen wahrscheinlich gut behalten und wiedergeben können.

Sprachliche und kognitive Voraussetzungen

Bewegung und Sprache stehen in engem Zusammenhang. Die entsprechenden Gehirnareale liegen in direkter Nachbarschaft. So können Kinder, die sich gut integriert bewegen können, in der Regel auch gut sprechen und sich ausdrücken.

In der Schule werden sehr viele Inhalte rein sprachlich vermittelt. Kinder müssen also nicht nur gut zuhören können, sondern Sprache verstehen, sprechen und in Handlung umsetzen können. Dazu ist es wichtig, dass sie Laute, Wörter und Sätze differenziert wahrnehmen und grammatikalisch sowie richtig artikuliert wiedergeben können. Denn nur, was das Kind hört, kann es auch schreiben! Wenn es z. B. statt „Gummistiefel" „Dummidiefel" sagt, wird es sich schwer tun, das Wort richtig zu schreiben.

Ein fundiertes Grundwissen

Schulreife Kinder sollten ein Grundwissen haben, das einen sprachlichen Austausch über verschiedene Themenbereiche wie Tages- und Wochenrhythmus, Jahreszeiten, Feste, Tier- und Pflanzenreich ermöglicht. Das Kind muss in der Lage sein, Abläufe und Erfahrungen folgerichtig zu erfassen und wiederzugeben, z. B.: „Wir müssen das Gemüse erst ernten bzw. einkaufen. Dann waschen, schälen und schneiden wir es, und zum Kochen kommt es in den Topf. Danach können wir essen."

Wenn Kinder viele Dinge nicht kennen und ihre Umwelt nicht „be-greifend" erlebt haben, ist es unmöglich, neues Wissen daran anzuknüpfen und in Beziehung zu setzen. Nur verknüpftes Wissen kann über längere Zeit behalten und integriert werden.

Unabdingbar ist auch, dass sich Schulkinder mindestens 15 – 20 Minuten auch auf Dinge konzentrieren können, die sie nicht selbst gewählt haben. Dies muss ihnen nach einer Pause auch wiederholt möglich sein, um einen Schulvormittag durchzuhalten.

Unreifen Kindern fällt es grundsätzlich schwer, diese Konzentrationsspanne aufzubringen. Wenn sie es schaffen, dann gelingt dies noch am besten in einem selbst gewählten Spiel.

Soziale Voraussetzungen und Motivation

Eine wichtige Frage ist, ob Ihr Kind motiviert ist, in die Schule zu gehen. Kinder, die sich dies nicht zutrauen und sich auch nicht für einzelne Bereiche des Schulalltags interessieren, z. B. Buchstaben abschreiben wollen oder sich erkundigen, was auf einem Schild geschrieben steht, bringen keine guten Voraussetzungen mit.

*Die Gemein-
schaftsfähigkeit ist
eine wichtige
Voraussetzung für
den Schuleintritt.*

Ein Schulalltag stellt eine hohe Herausforderung an die Gemeinschaftsfähigkeit dar. Das Kind muss sich zurücknehmen können, Regeln und Anweisungen akzeptieren, aber auch Bedürfnisse äußern, d. h. ein gesundes Selbstbewusstsein haben. Es muss genug Selbstständigkeit haben, um sich an- und auszuziehen, und so viel Selbstvertrauen haben, dass es sich ablösen kann. Weiterhin muss es die Bereitschaft haben, auf Neues zugehen zu wollen, und Freude am Lernen entwickeln.

Die Staatsschule ist in der Regel leistungsbetont ausgerichtet. Der Lehrplan der 1. Klasse sieht vor, dass der Aufbau des Schreib- und Leselernprozesses am Ende des ersten Schuljahres abgeschlossen sein soll. Im 2. Schuljahr werden die erworbenen Fähigkeiten weiter vertieft. Allerdings gibt es keine klare Anweisung darüber, wo der eine Bereich anfängt und der andere aufhört. Es bleibt den Lehrer/innen überlassen, in welchem Tempo sie vorgehen. Es gibt Lehrer/innen, die bereits in der 1. Klasse die Druck- und die Schreibschrift einführen. So sind die Verweilzeiten bei den einzelnen Buchstaben oft zu kurz, und es kommt bei einigen Kindern zu Formunsicherheiten bei der Wiedergabe.

*Grafomotorische
Übungen während
der ersten
beiden Schuljahre
ermöglichen ein
sicheres Schreiben.*

Wünschenswert und wichtig sind grafomotorische Übungen wie Schwung- und Nachfahrübungen sowie Formen- und Mustermalen über einen langen Zeitraum. Dies müsste in den ersten beiden Schuljahren immer wieder aufgegriffen werden.

Grundlagen der Schreibbewegung

Damit das Kind allmählich von der Mal- zu einer flüssigen Schreibbewegung kommen kann, sollten Sie auf verschiedene grundsätzliche Dinge achten.

108

Richtig sitzen

Das Kind sollte für die Schreibmomente stabil und möglichst ruhig auf einem Stuhl sitzen können. In der Schule und auch für die Hausaufgaben sollten Tisch und Stuhl auf das Kind angepasst sein. Es ist wichtig, dass beide Füße auf dem Boden oder einem Brett aufgestellt werden können. Gut ist es, wenn der Stuhl leicht nach vorne geneigt ist, damit das Kind lernt, sich aktiv aufzurichten. Bei einer passenden Tischhöhe befinden sich die Ellbogen in der Höhe der Tischplatte oder leicht darunter.

Zum Schreiben und Lesen ist eine schräge Tischplatte von mindestens 16° Neigung sinnvoll. Dies kann durch eine zu kippende Tischplatte oder einen Tischaufsatz erreicht werden.

Bei anderen Tätigkeiten, die keine Präzision erfordern, sollte das Kind seine Sitzposition möglichst häufig ändern, sich auch öfter mal auf den Boden legen oder aufstehen. Bewegung und Veränderung beim Sitzen ist für den Rücken wesentlich gesünder als starres Sitzen. In diesem Sinne sollten das Unterschlagen eines Beines, Sitzen im Reitsitz auf dem umgedrehten Stuhl oder Knien selbst in der Schule akzeptiert werden.

Um gut zu schreiben, brauchen Kinder einen passenden Arbeitsplatz.

Tipp

Ist Ihr Kind sehr unruhig, sollten Sie das Sitzen auf einem Pezziball versuchen. Denn ein unruhiges Kind braucht viele Bewegungsreize, die es sich durch das „Herumhampeln" beim Sitzen holt. Der Ball darf nur so hoch sein, dass das Kind seine Füße stabil aufstellen kann. Sie sollten den Ball ohne einen Haltering benutzen, auch wenn er in der ersten Zeit mehrfach weggerollt wird. Nur so lernt Ihr Kind, seine Füße stabil auf den Boden zu stellen und seinen Bewegungsdrang durch leichtes Wippen abzureagieren.

Gutes Schreib-werkzeug erleichtert die Grafomotorik.

Geeignete Stifte

Unverzichtbar sind gute Stifte. Kaufen Sie lieber weniger Stifte und dafür Qualitätsware mit dicken Minen. Die Minen sind bei guten Stiften weicher und brechen nicht so leicht ab. Dicke Stifte kann die Kinderhand besser halten und sie verkrampft sich weniger. Gut geeignet sind auch dreieckige, dicke Stifte oder Stifte mit Griffmulden. Hilfreich zum Einüben des Dreipunktgriffes sind aufsteckbare Schreibhilfen, die teilweise im Schreibwarenhandel erhältlich sind oder über den Versand bezogen werden können.

Völlig ungeeignet sind Filzstifte, da ihre Farbintensität unveränderbar ist. So lernt das Kind nicht, über einen veränderten Druck Farbvariationen zu erreichen. Zudem sind viele Filzstifte giftig, nicht auswaschbar und hinterlassen unnötigen Plastikmüll.

110

Die Stifthaltung

Spätestens im Vorschulalter sollte das Kind zum Malen entweder seine rechte oder linke Hand sicher benutzen und den Stift möglichst im Dreipunktgriff halten. Dieser ermöglicht im späteren schnellen Schreiblernprozess die größtmögliche Fingerbeweglichkeit.

Der Dreipunktgriff ermöglicht die beste Fingerbeweglichkeit beim Schreiben.

Der Mittelfinger als zusätzlicher Stützfinger ermöglicht für tonusschwache oder sehr zarte Kinder eine größere Haltestabilität. Diese Stifthaltung sollte immer akzeptiert werden, wenn das Kind mit der Stifthaltung im Dreipunktgriff nicht zurechtkommt.

Manche taktil-kinästhetisch unterempfindlichen Kinder halten den Stift auch mit dem Mittelfinger als Stützfinger oder in wechselnden Stellungen, weil sie ihre Fingerstellung nicht exakt spüren.

Andere Stifthaltungen sollten nicht akzeptiert werden, weil sie später zu Verkrampfungen führen und schnelles, seitenfüllendes Schreiben kaum zulassen.

Tipp

Bei einer ungewöhnlichen Stifthaltung sollten Sie in jedem Fall im Vorschulalter von einem/einer Ergotherapeut/in prüfen lassen, aus welchem Grund das Kind den Stift so hält, und gemeinsam nach Möglichkeiten einer Korrektur suchen.

Das Papier

Damit das Kind jederzeit malen und basteln kann, sollte ihm Papier in mindestens DIN-A-4-Größe jederzeit zur Verfügung stehen. Schön sind zusätzlich farbiges Papier oder verschiedene Papiere (Ton- und Seidenpapier) und dünne Pappe sowie Kleber und Schere.

111

Grundelemente der Schrift

Die Schrift setzt sich aus verschiedenen Grundelementen zusammen, die Kinder, die regelmäßig malen, spielerisch und von selbst erlernen. Mit Kindern, die diese Grundelemente beherrschen, muss vor der Schule nicht geübt werden.

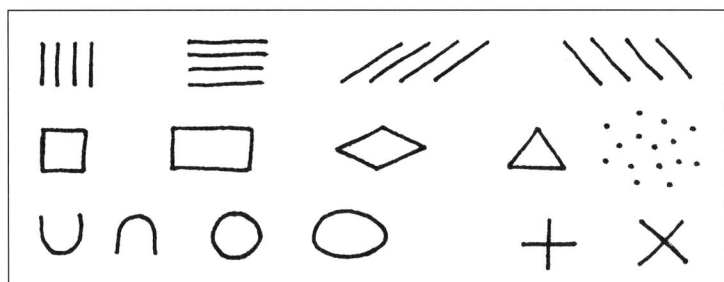

Die Grundformen der Schrift

Aus diesen Grundelementen ergeben sich fortlaufende Muster, die Vorschulkinder ebenfalls in ihren Bildern malen.

Eine wichtige Grundlage für den Schreiblernprozess ist die sichere visuelle Wahrnehmung, die sich in folgende fünf Teilbereiche untergliedert:

- **Die visumotorische Koordination** oder Auge-Hand-Koordination. Sie beginnt bereits im 3. Monat mit dem Fingerspiel und dem ersten zufälligen Zusammenführen der Hände. Sie ist die Voraussetzung dafür, dass das Kind seine Hand- und Fingerbewegung mit den Augen kontrollieren kann. So kontrolliert das Kind z. B. visuell beim Ausmalen, ob es seine Bewegung gut dosiert hat oder verändern muss, da es die Grenze der gemalten Form nicht spüren kann.
- **Die Figur-Grundwahrnehmung** ist die Fähigkeit, etwas Wichtiges, auf das unsere Aufmerksamkeit gerichtet ist, vor einem unwichtigen Hintergrund wieder zu finden. Diese Fähigkeit ist z. B. wichtig, um ein Wort im Gewirr eines Tafelanschriebs oder einen bestimmten Buchstaben im Wort wiederzufinden.

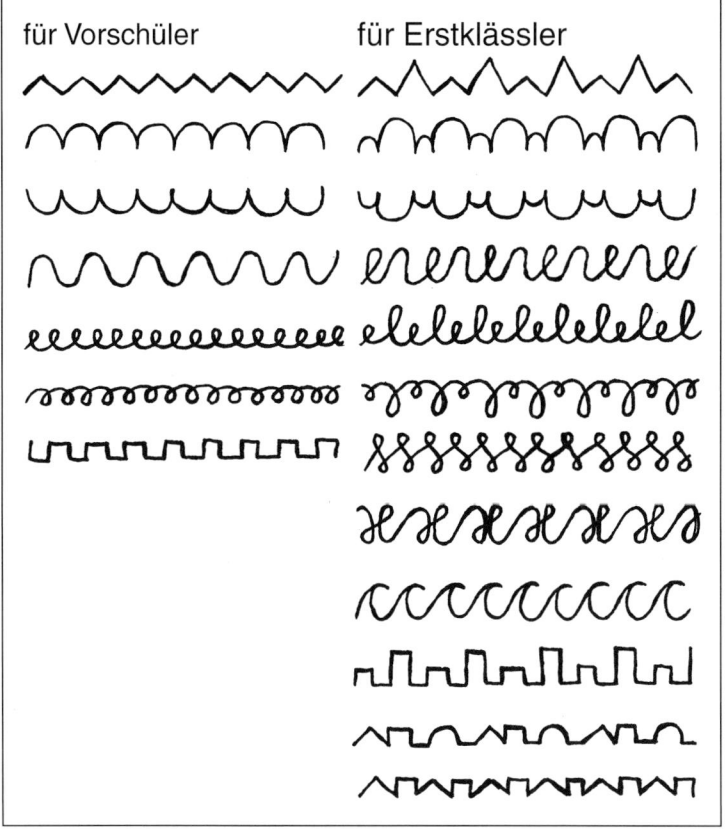

für Vorschüler   für Erstklässler

Fortlaufende Muster

- **Die Formkonstanz** ist die Fähigkeit, bestimmte konstante Eigenschaften eines Gegenstandes oder einer Person wiederzuerkennen, auch wenn diese in Form, Farbe, Größe oder Lage verändert ist. So muss das Kind z. B. einen Buchstaben erkennen können, auch wenn die Schrift eine andere ist (kursiv oder fett) oder ein bestimmter Buchstabe in verschiedenen Wörtern auftaucht.
- **Die Raumlagewahrnehmung** bezeichnet die Fähigkeit, die räumliche Lage zwischen der eigenen Person und einem

113

Gegenstand bzw. zwischen sich und einer anderen Person zu erkennen. Räumlich gesehen ist der Betrachter der Mittelpunkt, und so können andere Gegenstände und Personen vor, hinter, über, unter, seitlich, rechts oder links bestimmt werden. In Bezug auf das Schreiben oder Rechnen ist dies die Voraussetzung, um die Buchstaben b, d, p oder q nicht nur als Senkrechte mit einem Bogen wahrzunehmen, sondern als unterschiedlich in der Raumlage zu erkennen.

- **Die Wahrnehmung räumlicher Beziehungen** bedeutet die Fähigkeit, die Lage von zwei oder mehr Dingen oder Personen in Bezug zu sich oder zueinander zu erkennen. Diese Fähigkeit ist beim Schreiben von Buchstaben und Zahlen wichtig, um deren Reihenfolge zu erkennen, und so z. B. 26 von 62 unterscheiden zu können. In der deutschen Sprache ist diese Unterscheidung besonders verwirrend, da unsere Lese- und Schreibrichtung von links nach rechts verläuft, Zehnerzahlen aber von rechts nach links benannt werden, z. B. sechsundzwanzig.

Durch wiederholende Übung kommt es zur Automatisierung der Schreibbewegungen.

Kinder, die schreiben lernen, müssen die Buchstaben und Zahlen von ihrer Form, der Raumlage und der räumlichen Beziehung her planen. Durch die tägliche Übung der Schreibbewegung erlangt das Kind zunehmend einen flüssigen Bewegungsablauf. Die Formen der Buchstaben werden sozusagen verinnerlicht, und die Formkonstanz wird sicher. So muss der Buchstabe während des Schreibens nicht jedes Mal neu geplant werden.

Erst nach häufig wiederholtem Üben wird nach und nach ein automatisierter und somit schneller Schreibvorgang möglich.

So müssen sich Kinder im Anfangsunterricht beim Schreiben eines jeden Buchstabens stark konzentrieren und können nebenher nichts anderes denken oder tun.

114

Da das menschliche Gehirn nur jeweils eine Bewegung zu planen vermag, kann das Kind während des Schreibens z. B. nicht gleichzeitig einen Stift in seinem Mäppchen suchen, sprechen oder zuhören.

Erst wenn die Bewegungen automatisiert sind, kann das Kind einen individuellen Schreibrhythmus und eine persönliche Schrift entwickeln, das Schreibtempo allmählich steigern und neben dem Schreiben gleichzeitig eine andere Tätigkeit durchführen.

Konzentration

Da die Konzentrationsfähigkeit je nach Tageszeit sehr unterschiedlich ist und bei Grundschulkindern nach 15 – 20 Minuten erheblich nachlässt, sollte nie länger an einer Aufgabe bzw. Übung gearbeitet werden. Stundenlanges „Brüten" über den Hausaufgaben direkt nach dem Essen sollte möglichst unterbleiben. Meistens ist es sinnvoller, erst einmal eine kurze Spielpause einzulegen und von der Schule abzuschalten. Nach maximal 20 Minuten Hausaufgaben sollte das Kind aufstehen, etwas trinken oder Obst essen und dann gegebenenfalls den Rest erledigen. Insgesamt sollte ein Grundschulkind nicht wesentlich länger als 2 x 20 Minuten an seinen Hausaufgaben arbeiten, damit noch genügend Freiraum zum Spiel und zur Bewegung besteht.

Spätestens nach 20 Minuten Hausaufgaben braucht jedes Kind eine Pause.

> **Tipp**
> *Wenn Ihr Kind häufig länger als ca. 45 Minuten für die Hausaufgaben braucht, sollten Sie unbedingt ein Gespräch mit dem/der Lehrer/in führen, um nach der Ursache und einer Lösungsmöglichkeit zu suchen. Keinesfalls sollten Sie die Hausaufgaben übernehmen, nur damit sie erledigt sind!*

Versuchen Sie, die Quellen einer Ablenkung am Arbeitsplatz und in der Umgebung möglichst gering zu halten. Für das Kind ist es denkbar ungünstig, Hausaufgaben zu machen, während der Fernsehapparat oder das Radio läuft oder sich die Geschwisterkinder im gleichen Raum streiten. Der Arbeitsplatz des Kindes sollte ruhig gestaltet sein, und es sollten keine Spiel- oder Bastelsachen auf dem Tisch liegen.

Kinder brauchen für die Hausaufgaben einen ruhigen Arbeitsplatz ohne Ablenkungen.

Was tun, wenn therapeutische Hilfe erforderlich ist?

Wenn sich die Feinmotorik eines Kindes nicht altersgemäß entwickelt oder das Kind das Malen und Basteln vehement ablehnt, sollten sich die Eltern möglichst früh um fachkundige Hilfe bemühen. Keineswegs sollten sie darauf vertrauen, dass sich dieses Defizit schon noch „auswachsen" werde.

Auffälligkeiten erkennen

Ein Kind mit auffälliger Feinmotorik braucht Hilfe.

Wenn Sie die Vermutung haben, dass Ihr Kind in seiner feinmotorischen Entwicklung verzögert ist, sollten Sie baldmöglichst aktiv werden, um ihm zu helfen. Die oft geäußerte Hoffnung „Es verwächst sich noch" trifft leider selten zu. Helfende Maßnahmen werden unter Umständen versäumt oder zu spät begonnen, und so entstehen immer größere Entwicklungslücken.

Zuerst sollten Sie Ihr Kind aufmerksam beobachten und aufschreiben, welche Auffälligkeiten Sie festgestellt haben und welche Schwierigkeiten Ihr Kind bei einzelnen Tätigkeiten hat. Machen Sie eine Aufstellung der Tätigkeiten, die Ihr Kind vermeidet, weil es sie nicht kann. Besprechen Sie Ihre Beobachtungen auch mit anderen Bezugspersonen.

Führen Sie Gespräche mit den Betreuern und Betreuerinnen einer Spiel- oder Sportgruppe, im Kindergarten oder in der Schule. Unter Umständen verhält sich Ihr Kind in der Gruppe anders als zu Hause, und die Möglichkeiten, es mit gleichaltrigen Kindern zu vergleichen, sind größer.

Sprechen Sie mit dem/der Kinderarzt/in über Ihre Beobachtungen. Die Möglichkeiten der Arzt/innen, während der gesetzlichen Vorsorgeuntersuchungen feinmotorische Störungen eines Kindes genau zu erfassen, sind leider gering. Daher sollten Sie sich nicht scheuen, den Arzt/die Ärztin um ein Gespräch zu bitten.

Oft passiert es, dass ein Kind während der ärztlichen Untersuchung seine unzureichende Leistung spürt und die Mitarbeit verweigert. Dadurch kann es passieren, dass die Störung der Feinmotorik lange nicht erkannt oder nicht wichtig genug genommen wird.

Die gesetzlichen Vorsorgeuntersuchungen für Kinder finden ab dem 2. Lebensjahr in verhältnismäßig großen Zeitabständen statt und überprüfen überwiegend die körperliche Gesundheit des Kindes.

Es „verwächst" sich nicht!

So kommt es leider vor, dass die Defizite der Kinder lange nicht erkannt werden und therapeutische Förderung zu spät ansetzt. Wenn Sie den Verdacht haben, dass bei Ihrem Kind eine Entwicklungsverzögerung vorliegt, lassen Sie sich nicht mit dem „Es verwächst sich noch"-Argument beruhigen.

Feinmotorische Auffälligkeiten „verwachsen sich nicht", sondern beeinträchtigen das Kind in seiner weiteren Entwicklung.

Dieses häufig zitierte „Verwachsen" ist nur möglich, wenn ein Kind in seiner allgemeinen Reife etwas verzögert ist.

Wenn bei Ihrem Kind aber eine Entwicklungsstörung vorliegt, deren Ursache eine Integrationsstörung der Sinnessysteme ist, kann Ihr Kind seine Defizite nur durch eine gezielt ansetzende Therapie ausgleichen.

Je jünger das Kind zu Beginn einer Behandlung ist und je weniger sich die Schwierigkeit des Kindes in einer allgemeinen Vermeidungshaltung verfestigt hat, desto schneller führt die Therapie zum Erfolg.

Die richtige Therapie

Die Berufsgruppe, die sich mit entwicklungsverzögerten Kindern und mit deren Feinmotorik befasst, sind die Ergotherapeut/innen. Sie arbeiten unter anderem in freien Praxen, und ihre Leistung wird in der Regel von den Krankenkassen übernommen. Der/die Kinderarzt/in oder ein neurologisch ausgebildeter Kinderarzt (Neuropädiater) verordnet nach einer gründlichen Untersuchung die Therapie.

Nach eingehenden Untersuchungen mit Entwicklungstests und mit Hilfe vergleichender Beobachtungen erstellt der/die Therapeut/in einen individuellen Förderplan. Nach einer gewissen „Anwärmphase" beginnt die sorgfältig systematisch aufgebaute Übungsbehandlung. Meist findet sie in Einzeltherapie, später, wenn dies sinnvoll erscheint, auch teilweise mit einem anderen Kind zusammen statt. Durch kindgerechte Übungsangebote und spielerisch motivierende Situationen wird das Kind dabei behutsam an die Erfahrungen und Aufgaben herangeführt, die seine altersgemäße Entwicklung fördern.

Oft bestehen „Löcher" im Entwicklungsfundament des Kindes, sodass ganzkörperliche Erfahrungen einem feinmotorischen Übungsangebot vorangestellt werden müssen.

Eine sinnvolle Behandlung muss grundlegend über ganzkörperliche Erfahrungen verlaufen.

Nur wenn die Grundlage zur Entwicklung der Feinmotorik durch ganzkörperliche Erfahrungen mit allen Sinnen gefördert wird, kann eine Behandlung der verzögerten Handgeschicklichkeit erfolgreich sein. Das Verknüpfen der Sinnessysteme und die damit einhergehende Reifung des Gehirns ist die Grundlage aller Bewegungsentwicklung.

Nur wenn das Kind die Möglichkeit erhält, Entwicklungsdefizite, die in seinem „Fundament" bestehen, aufzuholen, kann es sich in seiner Handgeschicklichkeit weiterentwickeln.

In Elterngesprächen wird den Eltern der Therapieplan vorgestellt, Fortschritte und Probleme besprochen und evtl. Übungen für zu Hause festgelegt.

Was die Eltern tun können

Oft wird versucht, den Rückgang der ganzkörperlichen Geschicklichkeit bei Kindern und besonders der Handgeschicklichkeit mit den unterschiedlichsten Gründen zu erklären:

- Der Kindergarten habe Schuld.
- Die Schule fördere diesen Bereichen zu wenig.

120

- Die Kinder sähen zu viel fern.
- Die Kinder säßen zu viel vor dem Computer.
- Die Kinder würden sich zu wenig bewegen.
- Die Erwachsenen hätten keine Zeit für die Kinder.
- Es gäbe so viele Alleinerziehende, die noch weniger Zeit für ihre Kinder hätten.
- Viele Eltern wüssten nicht mehr, wie man Kinder erzieht.

Diese Liste könnte man weiterführen und trotzdem wäre der „wahre und einzige" Grund nicht gefunden. Es gibt ihn nicht, sondern eine Vielzahl jeweils unterschiedlicher Ursachen spielen in jedem Einzelfall eine Rolle. Doch es liegt an den Eltern vorzubeugen, Schwachpunkte zu erkennen und Fördermöglichkeiten anzubieten.

Was können Sie also tun, damit Ihr Kind sich altersgemäß entwickeln kann?

Ganz einfach – besinnen Sie sich auf das, was für Kinder wichtig ist:

> *Die Schulung der Sinne und das „Be-greifen" der Welt mit dem ganzen Körper und mit den Händen ist Grundlage jeder Entwicklung!*
> *Eigenes Tun und Handeln ist die beste Lernmethode für jedes Kind.*

Diese Lernmethode steht über allem, was Kinder während ihrer Säuglings-, Kleinkinder-, Kindergarten- und Schulzeit erleben.

„Hilf mir, es selbst zu tun" ist der berühmte Leitsatz von Maria Montessori, der begnadeten Pädagogin aus Italien. Ihr Grundgedanke ist noch immer modern und heute umso mehr,

121

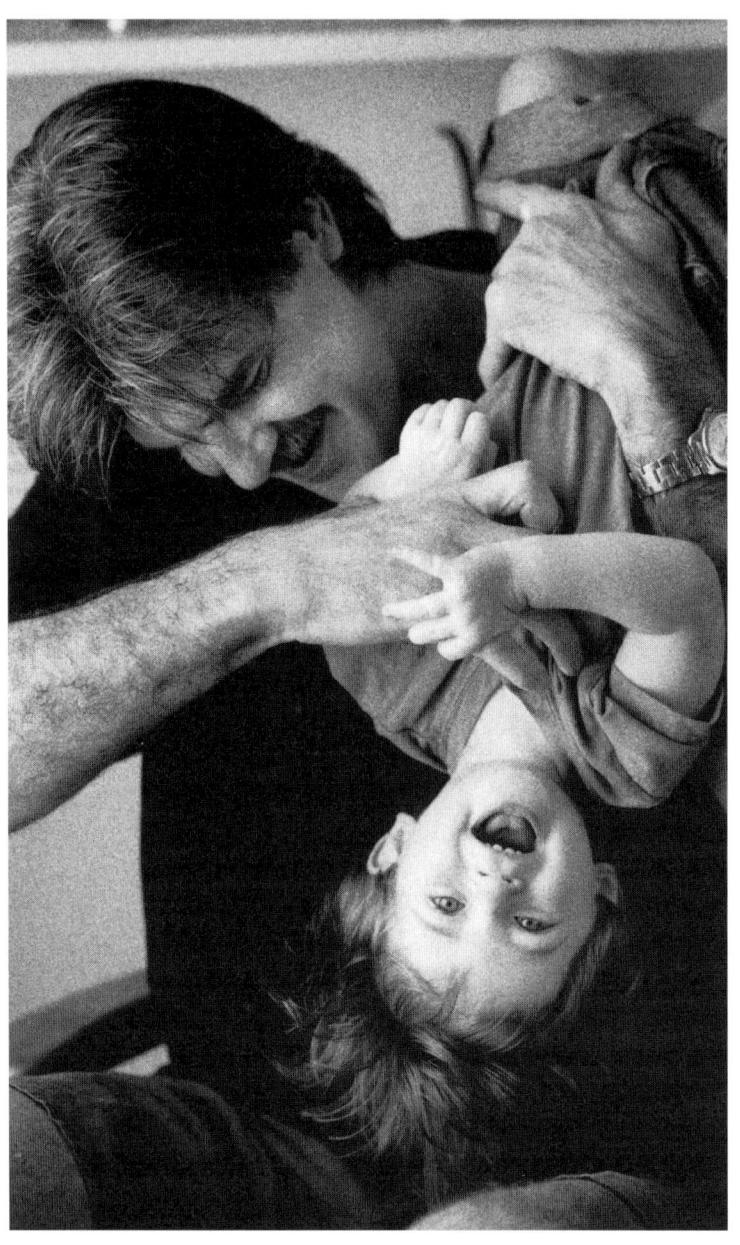

als wir unseren Kindern eine vorgefertigte Welt präsentieren, in der fast nichts mehr selbst getan werden kann und muss.

Was bedeutet dieser Satz für Ihr Zusammenleben mit Ihrem Kind? Wo liegen Ihre Chancen und Möglichkeiten, ihn mit Leben zu füllen?

Verbringen Sie bewusst viel Zeit mit Ihrem Kind, verzichten Sie dafür lieber auf einige Freizeitaktivitäten. Die Kindheit vergeht schnell, Ihre Hobbys können Sie auch noch pflegen, wenn Ihr Kind etwas größer ist.

Spielen, turnen, basteln und malen Sie mit Ihrem Kind.

Gehen Sie mit ihm regelmäßig in die Natur, ans Wasser oder in den Wald. Ein Hotelurlaub mit Pool und Animation ist schön für Ruhe suchende Erwachsene, nimmt dem Kind aber viele Möglichkeiten, seine Sinne umfassend einzusetzen.

Gestalten Sie Ihre Familienfreizeit gemeinsam mit viel Bewegung, Spiel und Sport. Radfahren, Bootfahren, ein Abenteuerausflug in eine Schlucht oder ein Zelturlaub sind Dinge, die etwas Mühe machen, aber viel Spaß und Lernmöglichkeiten für Ihr Kind beinhalten.

Lesen Sie Ihrem Kind Geschichten vor oder erfinden Sie selber welche. Das animiert zum Gespräch und regt das Kind zum Nachspielen, Verkleiden, Basteln und Malen an. Unterstützen Sie Ihr Kind in diesem Bestreben. Kassetten, Video- und Fernsehfilme „rauschen" am Kind vorbei und geben keinen Anlass zur kreativen Weiterbeschäftigung.

Unterstützen Sie Ihr Kind in seinem natürlichen Bestreben, eine tätige, bewegte und lehrreiche Kindheit zu erleben. So kann es zu einem geschickten und kreativen Menschen heranwachsen. Sein Verstand wird auf der Grundlage der eigenen Erfahrungen wach, wendig und vielfältig werden.

Kinder werden heutzutage von der übertechnisierten Umwelt teilweise massiv eingeschränkt. Ihre Lebens- und Bewe-

Das Kind braucht vielfältige Erfahrungen in der Umwelt und gemeinsame Aktivitäten mit den Eltern.

Vorlesen und Selbst-Erzählen von Geschichten fördern die Sprachfähigkeit.

gungsräume wurden beschnitten und es wird immer schwieriger für sie, ihrer „Art" entsprechend aufzuwachsen.

So kommt es mehr denn je darauf an, dass Ihr Kind die Möglichkeiten behält und bekommt, in der Familie und im „Leben draußen" leibhaftig und mit all seinen Sinnen sich die Welt zu erschließen.

Es sind nur unsere eigenen Schritte, die uns weiterbringen, nicht die der anderen.

Anhang

Adressen und Bezugsquellen

Beratungs- und Informationsstelle für Linkshänder und umgeschulte Linkshänder
Sendlingerstr. 18
80331 München

Lafüliki (Linkshandartikel)
Schöttlingerstr. 7a
31698 Lindhorst

Linkshandversand Elisabeth Höhn
Pfälzer Str. 20
67551 Worms

SinErgo
Versand für Linkshänder
Wasserburger Landstr. 167a
81827 München
(bildhafte Strickanleitung und Film über Linkshänder)

Lehrmittel Heptner
Homburger Straße 9a
78224 Singen
Tel.: 0 77 31 / 2 64 54
Fax: 0 77 31 / 2 62 36

Literaturverzeichnis

Broschüre „**Familien in Bewegung/Praktischer Ratgeber
zur Förderung der kindlichen Motorik**"
Hrsg.: Mehr Zeit für Kinder e. V.
Fellnerstr. 12
60322 Frankfurt/M.
(direkt zu bestellen, nicht im Buchhandel erhältlich)

Broschüre „**Kindheit verstummt – Sprachverlust
und Sprachpflege im Zeitalter der Medien**"
von Rainer Tetzlaff
Hrsg.: Internationale Vereinigung
der Waldorfkindergärten e. V.
Heubergstr. 11/18
70188 Stuttgart

Broschüre „**Recht auf Kindheit – ein Menschenrecht,
Kindheit in Gefahr**"
von P. Lang/S. Pühler
Hrsg.: Internationale Vereinigung
der Waldorfkindergärten
Heubergstr. 11/18
70118 Stuttgart

Ferrari, R.: Damit der Schulstart gut gelingt. Wie Sie Ihr
Kind optimal vorbereiten und begleiten. Christophorus
Verlag, 2000
Keilmann, A.: So lernt mein Kind sprechen. Midena Verlag,
1998
Köckenberger, H.: Kinder müssen sich bewegen. Urania-
Ravensburger, 1999
Lorie, P.: Mit den Augen eines Kindes. Mosaik, 1990

Maaß, S.: Mit Kindern Bilder zaubern – Betrachtungen, Hinweise und Anregungen zum Bildgestalten mit Kindern. Verlag modernes lernen, 1997

Pauli, S./Kisch, A.: Was ist los mit meinem Kind? Bewegungsauffälligkeiten bei Kindern. Urania-Ravensburger, 8. Aufl., 1999

Reinhard, P.: Die schönsten 5-Minuten-Spiele für Kinder ab 3 Jahren. Bassermann, 1999

Sattler, J. B.: Das linkshändige Kind in der Grundschule. Auer, 1995

Sattler, J. B.: Der umgeschulte Linkshänder – oder der Knoten im Gehirn. Auer, 9. Aufl. 2000

Sattler, J. B.: Übungen für Linkshänder. Auer, 4. Aufl. 2000

Sattler, J. B.: Schreibunterlagenblock für Linkshänder. Format DIN A 2, 20 Blatt. Auer, 4. Aufl. 1999

Seitz, M./Hallwachs, U.: Montessori oder Waldorf? Ein Orientierungsbuch für Eltern und Pädagogen. Kösel, 2000

Seitz, R. und das Münchner Team: Kinderatelier – Malen, Zeichnen, Drucken, Bauen. Ravensburger Buchverlag, 1998

Stöcklin-Meier, S.: Sprechen und Spielen. Ravensburger Buchverlag, 2000

Zimmer, R.: Schafft die Stühle ab! Bewegungsspiele für Kinder. Herder Spektrum, 1995

Elternratgeber von Urania-Ravensburger

Helmut Köckenberger
Kinder müssen sich bewegen
Spielend lernen und wachsen

128 Seiten · zweifarbig mit 35 Abbildungen
ISBN 3-332-01033-6

Sabine Pauli/Andrea Kisch
Was ist los mit meinem Kind?
Bewegungsauffälligkeiten bei Kindern

160 Seiten · 24 s/w-Fotos und 20 s/w Kinderzeichnungen
ISBN 3-332-00873-0

Helmut Weyhreter
Konzentrationsschwäche
Wie Eltern helfen können

128 Seiten · zweifarbig mit 27 Abbildungen
ISBN 3-332-01090-5